ALPHONSE KARR.

CE QU'IL Y A
DANS UNE BOUTEILLE D'ENCRE.

DEUXIÈME LIVRAISON:

CLOTILDE

I

PARIS
DESESSART, ÉDITEUR,
RUE DES BEAUX-ARTS, 15.
1839

CLOTILDE.

I

Alphonse Karr.

CE QU'IL Y A DANS UNE BOUTEILLE D'ENCRE,

Première livraison: **GENEVIÈVE**,	2 vol. in-8.
Seconde livraison : **CLOTILDE**,	2 vol. in-8.
Troisième livraison : **HORTENSE**,	2 vol. in-8.

Imprimerie d'Amédée Gratiot et Cⁱᵉ, rue de la Monnaie, 11.

CE QU'IL Y A DANS UNE BOUTEILLE D'ENCRE.

Seconde Livraison :

CLOTILDE

PAR

Alphonse Karr.

I

PARIS
DESESSART, ÉDITEUR,
RUE DES BEAUX-ARTS, 15.
1839

𝔄 ℭ*** 𝔖***.

I.

La Plage de Trouville.

Trouville est un hameau à quelques lieues de Honfleur, que je ne crois célèbre dans aucune histoire. Aujourd'hui, il est encombré, à la saison des bains, par des gens qui trouvent *la vie* trop *chère* à Dieppe, et la plage est décorée de cinq cabanes en osier, recouvertes de toiles grises, où se déshabillent les baigneuses. Mais à l'époque où se passe notre récit, — (il y a une vingtaine d'années), Trouville n'avait encore été ni découvert, ni dénoncé par les peintres de paysage, et n'était habité, l'été comme l'hiver, que par des pêcheurs et des paysans, qui cultivaient assez péniblement les terres jaunes et marneuses qui s'élèvent en amphithéâtre derrière le *pays*.

Devant Trouville, la mer s'étend immense et découvre à la marée basse une plage d'un quart de lieue, d'un sable plus fin que du grès pulvérisé. Quand on regarde la mer, on a, à sa gauche, une petite rivière qui descend du pays haut, et vient se jeter dans la mer. Quand le flot remonte, il envahit le lit de la *Touque*, qui rebrousse vers sa source et se répand au-delà de ses rives dans les endroits où elle n'est pas suffisamment encaissée.

C'était à la fin d'une chaude journée de juin ; le soleil était descendu dans la mer, — une teinte d'un orange vif s'étendait sur le ciel, depuis la mer jusqu'à une ceinture de gros nuages noirs qui pesaient à l'horizon. — Cette teinte allait se dégradant à mesure qu'elle s'éloignait des points où le soleil avait disparu, et passait par toutes les nuances du jaune jusqu'au nankin et à la couleur de saumon pâle. Des flocons grisâtres qui roulaient sur les nuages plus solides prenaient, du jaune du ciel et du noir de ces nuages, des tons d'un vert sinistre.

Le galet s'agitait au fond de la mer et faisait entendre comme un bruit de chaînes.

Le vent soufflait par bouffées et par rafales; le soleil, ou plutôt le reflet qu'il laissait après lui à l'horizon, dorait encore les toits des maisons de Trouville, placées à l'opposite; mais la mer était sombre, et surtout elle paraissait toute noire sous la large bande orange du ciel; seulement le vent enflait les *lames*; et les pointes des vagues plus élevées, traversées par les derniers rayons, étaient vertes et transparentes. —

De petits navires se découpaient en noir sur le ruban orange; la coque des bâtiments, les voiles, les mâts, jusqu'aux gros cordages, se distinguaient ainsi à une grande distance.

La plage était couverte de monde : — des pêcheurs avec le bonnet de laine rouge et la chemise de laine bleue. Ils interrogeaient l'horizon d'un regard avide. Une des silhouettes noires se détacha du fond orange; d'abord elle se présenta plus confuse et plus étroite; le bâtiment virait de bord : on n'eût pu dire s'il marchait vers la terre ou s'il s'éloignait plus au large. Mais bientôt on le vit moins noir et moins distinct; il était alors évident qu'il venait à terre, et qu'à mesure qu'il s'éloignait du foyer de lumière du soleil couché, il s'éclairait comme s'éclairaient les maisons de Trouville, et que la teinte mixte qu'il prenait ne faisait plus une opposition aussi tranchée avec la lumière.

— Il vient, dit un des pêcheurs!

—La marée baisse, dit un autre, et il n'y aura pas moyen d'entrer en rivière.

—Les rafales deviennent plus violentes et plus fréquentes en même temps.

—La mer ne montera que dans trois heures.

— Il se passera plus de cinq heures avant qu'on puisse entrer en *Touque*.

—A leur place, j'aurais autant aimé tenir la mer. Leur bateau est neuf et résistera mieux à la lame qu'à la côte, où on risque de se briser en y venant comme ça par la marée basse.

—Avec ça qu'il paraît venter fort à la mer.

— Il n'y a pas un navire qui ait une voile dehors.

—Ils ne sont pas maintenant à plus d'un demi-quart de lieue !

— Oui, mais la lame brise furieusement et ils commencent à rouler.

— Ils n'approchent plus !

—Non, même ils s'éloignent.

—Je savais bien qu'ils ne pourraient pas aborder. — Ils vont aller au Hâvre.

— Mais qu'est-ce que je vois flotter?

—Il m'avait semblé voir en effet quelque chose tomber du bateau.

— Ça ne peut pas être un homme; le bateau ne s'éloignerait pas.

— C'est pourtant un homme, tout de même.

— Pas possible.

—Baisse-toi sur le sable jusqu'à ce que tes yeux soient à la hauteur de la bande orange.

— C'est un homme.

—Comment, le bateau l'abandonne donc?

—Le bateau ne fait peut-être pas tout ce qu'il veut.

—Il nage.

—Et vigoureusement, car il est contre le flot, et il a l'air de se rapprocher un peu.

—Il approche en effet.

—Voilà une lame qui le recule.

—Il n'est pas du tout sûr qu'il arrive.

—J'aimerais mieux faire trois lieues avec le flot.

Tout le monde avait alors suivi le conseil donné par l'un des pêcheurs, car la nuit approchait, et, quand on était debout, l'homme qui était à la mer ne ressortait en rien sur le flot; mais quand on le regardait de bas et obliquement, il formait une aspérité qui le dessinait sur l'horizon déjà bien pâli.

L'émotion était au plus haut degré; le nageur courait évidemment les plus grands dangers. Il n'y avait pas moyen de mettre une chaloupe à la mer : elles étaient à sec, vu la marée basse, à plus de deux cents pas de la mer; et d'ailleurs, quand on eût pu en traîner une jusqu'à la mer, à force de bras et avec des rouleaux, elle n'eût probablement pas pu revenir à terre, sans avoir, comme le bateau plus fort et mieux gréé, la chance d'aller aborder au Hâvre ou à Fécamp.

Par moments, le nageur semblait maîtriser

la mer; il plongeait, comme une mouette, sous les lames qui brisaient en écume blanche, ou glissait sur les autres et s'avançait assez rapidement; mais d'autres fois, plusieurs lames successives le repoussaient, l'entraînaient, et lui faisaient perdre en peu d'instants le trajet qu'il avait mis un quart-d'heure à faire.

Cependant, quoiqu'il avançât avec lenteur, il avançait toujours, et on ne tarda pas à le distinguer assez pour s'apercevoir que de temps en temps il relevait avec la main ses longs cheveux, et les rejetait en arrière, ce qui, par une mer aussi clapoteuse, annonçait une grande liberté de mouvements et d'esprit.

—Oh! çà, dit un des pêcheurs, est-ce que maître Tony était à la mer?

—Sans doute, il ne manque guère de monter le bateau de son père, et il aime le mauvais temps comme un goëland.

—C'est que, Dieu me pardonne, je crois que c'est lui.

—Comment, lui?

— Oui, je crois que c'est lui qui est à la mer.

— En effet, il n'y a guère que lui et le patron de son père, qui soient capables de faire un semblable trajet par une mer houleuse, et Jean n'a pas les cheveux aussi longs.

—Ma foi, le voilà qui va aborder.

—La lame le remporte en passant par-dessus lui.

— Le voilà revenu sur l'eau.

A ce moment, le nageur fut jeté sur le sable, où il se cramponna contre une nouvelle lame qui, cette fois, ne réussit pas à l'emporter. Il fit quelques pas et sortit de l'eau; il était nu jusqu'à la ceinture, et avait, pour tout vêtement, un large pantalon de toile. — L'eau dégouttait de ses cheveux; les galets, lancés par la mer, lui avaient écorché la poitrine et les épaules. — Il se secoua, donna la main aux pêcheurs qui l'attendaient sur la plage, et empruntant le paletot de l'un d'eux, il se dirigea vers le bourg.

C'était en effet maître Tony Vatinel, qui revenait à Trouville pour faire une partie de loto chez M. de Sommery, colonel de cavalerie en retraite, retiré à Trouville, depuis quelque temps.

II.

Le Château.

Il y avait alors, à un quart de lieue de la plage, sur la hauteur, une maison assez belle, bâtie sur l'emplacement d'un château depuis longtemps détruit, et qu'à cause de cela on continuait à appeler « le Château. »

C'était la demeure de M. de Sommery, colonel, retiré du service en 1815, avec une fortune plus que suffisante, qui lui avait permis jusqu'alors de passer les hivers à Paris, et les étés seulement dans « son Château » de Trouville. Madame de Sommery, qu'il avait épousée en 1808, à l'époque où les femmes n'aimaient que les militaires, et où ceux-ci ne traitaient en pays conquis, aucun pays autant que la France; madame de Sommery avait vu succéder à une beauté assez commune un excessif embonpoint. — Elle s'était aperçue depuis quelques hivers qu'elle ne comptait plus dans le monde où elle avait cependant continué à aller pour marier sa fille qui, cette année, venait d'épouser un M. Meunier. M. Meunier était riche et donnait à sa femme une existence élégante et confortable, et madame Meunier se consolait de la vulgarité de son nom, en rédigeant ainsi les billets d'invitation à ses bals et à ses soirées.

« M. Meunier et madame Meunier, *née Alida*

« de *Sommery*, prient M........, de leur faire
« l'honneur, etc., etc. »

M. et madame de Sommery avaient décidé qu'ils passeraient à l'avenir toute l'année à Trouville ; autant que madame de Sommery pouvait décider quelque chose dans la vénération, dans la religion qu'elle avait pour son mari, qui était à ses yeux le plus grand homme des temps modernes; simplicité dont je n'ai pas trop le courage de rire.

Pour M. de Sommery, c'était tout autre chose. Il n'avait avec sa femme qu'un point de contact; c'était la profonde admiration qu'il professait pour lui-même et l'importance qu'il attachait à son moindre geste, à la plus simple syllabe qui tombait de ses lèvres. C'était un de ces composés de croyances bêtes et d'incrédulités systématiques qui seraient bien extraordinaires s'ils n'étaient si communs aujourd'hui. Il avait pour Voltaire le culte qu'il refusait positivement à Dieu. Il se piquait de ne pas saluer les morts, ni le Saint-Sacrement, et de traverser les processions de la Fête-Dieu le chapeau sur la tête. — Le but de ses attaques était perpétuellement l'abbé Vorlèze, le curé de Trouville, avec lequel il jouait cependant aux échecs tous les soirs. Mais l'abbé se défendait si peu, qu'il ne servait qu'à faire briller son adversaire. M. de Sommery avait souvent bien de la peine à lancer dans la discussion l'abbé, — semblable à ces daims d'un parc royal où l'empereur Napoléon voulut un jour chasser, et que des piqueurs étaient obligés de poursuivre à coups de cravache pour les faire courir.

M. de Sommery n'était pas moins absolu en politique qu'en religion ; il détestait tout pouvoir quel qu'il fût et quoi qu'il fît. Il ne parlait qu'avec un souverain mépris de tout ce qui avait avec lui le moindre rapport. — Quand il séjournait à Paris, il grommelait entre ses dents

IV.

Tony alla faire une visite du matin à madame de Sommery; elle avait du monde; Arthur lisait des journaux dans un coin et ne se mêlait à la conversation que par quelques phrases plus ou moins bien ajustées qu'il y jetait à peu près au hasard.

Clotilde, d'après la coutume, fort inconvenante à mes yeux, de la plupart des femmes de Paris, recevait ses visites de deux heures à six heures, dans sa chambre à coucher. Pour Tony, ce n'était pas une inconvenance, c'était une chose horriblement cruelle. Dans son amour pour Clotilde, il y avait eu peu d'instants dans lesquels ses sens avaient osé élever la voix, c'était lors de leur rendez-vous sous la niche de la Vierge, à Trouville, quand Clotilde, fatiguée et épouvantée, s'était laissée aller sur le bras et sur la poitrine de Vatinel. Mais le plus souvent sa pensée n'allait pas jusque-là ;

Il n'avait jamais été assez sûr d'être aimé de Clotilde pour oser rêver sa possession, et d'ailleurs Clotilde ne lui paraissait pas une femme que l'on possédât.

Tant qu'on n'est pas aimé, ou qu'on ne croit pas l'être, il semble que l'on se contentera parfaitement d'être aimé, et que l'on ne demandera rien au-delà. Une fois aimé, on bornée avec la même bonne foi ses vœux à un baiser; mais, je crois que je le répète, Clotilde ne semblait pas à Vatinel une femme que l'on possédât. — Qui n'a rencontré de ces femmes dont l'inflexible jupe de plomb semble faire partie de leur personne?

Mais cet odieux lit conjugal changeait, malgré Tony, ses idées sur Clotilde; Clotilde était donc une femme comme toutes les femmes. — Ces deux oreillers racontaient des choses bien humaines. Arthur, aux yeux de Tony, était non-seulement un rival heureux, mais encore un profane, un sacrilége qui faisait descendre la divinité de son piédestal pour l'abaisser jusqu'à son ignoble amour; puis, à force de s'indigner, il arrivait à penser que, puisque la divinité était devenue une simple mortelle, il eût été bien charmant qu'elle le fût à son bénéfice ; puis Clotilde, qu'il aurait craint autrefois de souiller par ses caresses à lui, lui semblait bien autrement souillée par les caresses d'un autre; son imagination ne lui faisait grâce d'aucun détail; et il se sentait plein d'un mélange bizarre, de haine et de mépris pour Arthur; de haine, de mépris, de fureur et de désirs pour Clotilde. Il ne se contentait plus de regarder le visage de Clotilde; ses yeux en regardant ses petits pieds dans des mules de velours vert, voyaient malgré lui beaucoup plus de la jambe qu'on n'en montrait; il interrogeait du regard les plis de la soie, plus tendue sur les genoux, et trahissant des contours qui lui faisaient frissonner le cœur.

Arthur lui dit : — Vous avez voyagé depuis quelque temps, M. Vatinel.

— Oui, répondit Tony, je suis allé en Angleterre, en Irlande et en Amérique.

— Vous avez dû voir bien des choses curieuses?

— Mais, non.

Clotilde rougit; elle avait lu, comme vous savez, madame, les lettres que Tony avait écrites à Robert Dimeux pendant son voyage, et le « *mais non* » qu'il venait de prononcer lui faisait entendre à elle tout ce qu'il y avait de tendresse et de passion dans ces lettres. Elle leva les yeux sur Vatinel, mais elle rencontra les siens, et tous deux sentirent un mouvement de frisson. Clotilde changea la conversation. Tony se leva et sortit.

Comme Tony s'en allait, et qu'il paraissait hésiter entre deux portes pour sortir, Arthur se leva, lui ouvrit celle qu'il fallait prendre, et lui dit : — Vous ne connaissez pas encore *nos êtres*.

Quand Tony fut parti, il se demanda à lui-même pourquoi ces paroles d'Arthur lui avaient si joyeusement résonné dans le cœur : ce qu'il espérait de se voir installé dans la maison ; et comment finirait tout cela, en supposant même que les hommes et le sort le remissent à sa volonté ?

V.

La veille du jour fixé pour son mariage, Charles Reynold vint demander à déjeûner à Robert. Il cachait son triomphe et sa joie sous un air d'indifférence qui lui donnait beaucoup de peine; car, le pauvre garçon était tout gonflé de bonheur et de pensées d'avenir. Il avait voulu voir la toilette de Zoé, et il était dans le ravissement.

— Ah ça! mon cher, dit-il à Robert, vous n'oubliez pas que je me marie demain, et que vous devez assister à mon mariage; pourvu que je ne l'oublie pas non plus, moi. — Vous amènerez votre ami, n'est-ce pas? les amis de nos amis sont nos amis. — C'est un peu imprudent de prendre précisément l'instant où l'on se marie pour faire de nouveaux amis; mais, je n'ai pas la prétention d'échapper seul au sort commun à tous les maris; et j'ai, sous ce rapport, une philosophie toute faite et prête à tous les événements. — Ce ne sera, après tout, qu'une représaille et la plus douce des justices est, sans contredit, la peine du talion. C'est à dix heures, vous savez, cela veut dire dix heures et demie, car, les femmes feront attendre; mon Dieu! Zoé a voulu absolument me faire voir sa toilette; je n'aime pas m'occuper de ces enfantillages-là, mais j'ai fini par céder. C'est incroyable l'importance que les filles y attachent. Je vous demande un peu ce que cela signifie. — Je ne sais pas si j'aurai un habit et je ne compte guère m'en occuper; pourvu que je n'aille pas oublier demain matin. Mais, je me sauve. Vous savez, Laure, à laquelle je fais la cour depuis quelque temps?

— Non.

— Mais si, une *prima donna* de boulevard, une petite blonde.

— Ah! ah!

— C'était une tigresse, elle avait un tas de scrupules. — Moi, du caractère dont vous me connaissez, vous comprenez bien que cela ne m'allait guère; et puis un mariage, ça vous dérange toujours un peu; ma foi, j'avais oublié mon inhumaine, quand hier je reçois une lettre d'elle; elle m'annonce qu'elle viendra me voir *après-demain matin*. Or, cet après-demain est *devenu* DEMAIN MATIN. Vous saisissez l'à-propos, sans doute : à dix heures, juste l'heure du *conjungo*. Je lui ai répondu :

Ma chère petite, après-demain, c'est impossible, *j'ai quelque chose à faire* ; mais, demain, par exemple, je serai très heureux de vous voir.

Et ce demain est aujourd'hui. — Elle doit être chez moi; vous comprenez bien qu'une femme qui entre chez moi..... Je n'en dis pas davantage. Je vais aller me débarrasser de ce petit triomphe avant d'aller chez ma future ; pourvu qu'on ne me fasse pas voir encore des toilettes ! Adieu. Si vous étiez aimable, demain, à dix heures, vous m'enverriez un petit mot par votre domestique pour me rappeler la chose. — Adieu, mon cher.

Ah ça ! se dit en bas de l'escalier, Charles, qui n'était pas attendu par la moindre Laure, vais-je aller d'abord chez mon bottier ou chez mon tailleur?

— Pourvu que mes *affaires* soient prêtes, mon Dieu ! — Que faire si ces gens-là ne m'ont pas tenu parole? — Allons d'abord chez le tailleur.

— Dites-moi, mon cher, eh bien?

— Monsieur, nous serons en mesure.

— Pensez que c'est à dix heures.

— A neuf heures on sera chez vous.

— Je compte sur vous; c'est très grave, je ne puis me marier sans un habit noir : je n'en ai, comme vous savez, qu'un bleu et un brun.

— Soyez tranquille.

— Je vous déclare que je ne le serai pas.

— A neuf heures on frappera à votre porte.

— Maintenant, chez le bottier. — Mes souliers?

— Je les attends.

— Il me les faut aujourd'hui; comment, voilà quinze jours qu'il sont commandés.

— On est très *pressé d'ouvrage* en ce moment, et, d'ailleurs, ça ne pouvait pas être confié au premier venu, je n'ai qu'un seul ouvrier auquel je donne *l'ouvrage* tout à fait *soigné*.

— Vous me les promettez pour ce soir?
— Ce soir, ou demain matin à sept heures.
— Bien sûr?
— C'est comme si vous les aviez.

VI.

Le jour du mariage de Charles Reynold, — Vatinel se trouva à l'église auprès de madame de Sommery. Il était grave et triste, et au moment où l'orgue résonna sous la voûte, il fut saisi d'une telle émotion, que quelques larmes tombèrent de ses yeux.

Le soir, au bal, Clotilde lui dit qu'elle avait remarqué son émotion. — Je suis sûre, ajouta-t-elle, qu'Alida aura pensé que vous étiez quelque amoureux de Zoé rebuté.

— Non, dit Vatinel, mon cœur pleurait malgré moi toute ma vie manquée et perdue.

Au moment où le prêtre a dit ces paroles du Christ : « L'homme quittera son père et sa mère pour s'attacher à sa femme, » je n'ai pu m'empêcher de penser que moi aussi j'ai quitté mon père et ma mère, mais pour mener une vie errante, triste, solitaire, et à jamais sans amour.

— Vous êtes bien jeune, monsieur, dit Clotilde, pour parler ainsi de l'avenir, et pour croire que vous ne rencontrerez jamais une femme que vous puissiez aimer.

— Quand je dis que ma vie sera sans amour, reprit Vatinel, je veux dire que je ne serai pas aimé, — car pour moi mon cœur est rempli d'un amour qui ne s'éteindra qu'avec moi ou plutôt qui me tuera.

— Est-ce donc un amour tout à fait sans espoir, monsieur ?

— Oh! oui, madame, tellement sans espoir que si celle qui en est l'objet venait à moi, et me disait : « Tony, je vous aime et je suis à vous, » je la repousserais en lui disant : « Laissez-moi. Je ne veux pas de vous, femme souillée et flétrie. »

Clotilde se mordit les lèvres et ne parut pas très fâchée que Zoé vînt prendre son bras et l'emmenât dans une autre pièce.

ZOÉ.

Eh bien! chère Clotilde, voilà donc mon roman fini, — sans avoir commencé. — J'avais bien fait une tentative, mais elle m'a rendue trop malheureuse. J'ai trouvé dans ce qu'on nous a dit à l'église des choses qui n'ont rien de romanesque, mais qui m'ont rempli l'âme de pensées sévères et élevées et d'un bonheur grave et calme que je ne soupçonnais pas.—Embrasse-moi, ma bonne Clotilde, je serai heureuse.

— Oui, tu seras heureuse, répondit Clotilde ; tu as épousé un homme qui ne croira pas avoir fait un sacrifice en t'épousant ; tu es la femme d'un homme que tu aimes, — et les devoirs si rigoureux pour d'autres seront pour toi un bonheur ineffable. Tu auras des enfants, car le ciel bénit les mariages d'amour. Ce sont les seuls qu'il reconnaisse et qu'il sanctifie. Tu seras heureuse, Zoé. Tu ne seras tourmentée ni par l'ambition ni par la vengeance. — Etre heureuse, c'est-à-dire aimer et être aimée. Voilà ton devoir.

Charles était ivre de joie ; mais un nuage passait de temps en temps sur son visage. — Plusieurs fois il se dirigea vers Robert, puis s'arrêta sans être allé jusqu'à lui et sans lui avoir parlé. Il finit par prendre une résolution.

—Robert, lui dit-il, voulez-vous faire un tour de jardin avec moi ?

— Je vous rends grâce, mon cher ami ; il fait trop froid.

— C'est que j'ai un service important à vous demander.

— C'est différent; je croyais que c'était simplement un plaisir que vous me proposiez. — Je vais mettre mon manteau. — Faites-moi donner un cigare. — Mais est-il tout à fait nécessaire que ce soit dans le jardin.

— Oui; il y a du monde partout, et je ne veux pas que ce que j'ai à vous dire soit entendu par d'autres que par vous.

VII.

— Mon cher Dimeux, dit Charles Reynold quand ils furent descendus dans le jardin, je vais vous montrer la grande confiance que j'ai en vous, mais vous allez vous moquer énormément de moi.

— Allez toujours.

— Promettez-moi du moins que vous me garderez le plus profond secret.

— Il paraît que votre confiance en moi est au fond de votre cœur, sous un tas de petites défiances dont il faut la débarrasser pour qu'elle puisse sortir.

— Non, mais.....

—Tant qu'à ne pas me moquer de vous, je puis vous promettre, si vous voulez, et si réellement la chose mérite la moquerie, de me contenter d'un sarcasme intérieur et latent, dont vous-même ne vous apercevrez pas; pour la discrétion, je vous la promets.

—Eh bien, — dit Charles Reynold cherchant à diriger la promenade vers les allées sombres et les plus éloignées de la maison, dont les fenêtres jetaient de la clarté ; —eh bien ! me voici marié.

— Oui.

— Le maire et le prêtre ont fait leur état, je n'ai plus qu'à faire le mien.

— Oui.

— Il est dix heures, j'esp... je pense que madame ma tante va emmener sa fille dans une heure.

— C'est très probable.

— C'est que je vous avouerai, mon cher Dimeux, que je ne me suis jamais marié.

— Je l'espère bien, sans cela vous vous trouveriez dans une situation parfaitement prévue par le code pénal.

— Oui, mais il y a des choses qui m'embarrassent.

— Ce n'est rien, demandez à votre belle-mère quand elle emmènera sa fille, et suivez-les.

— Ce n'est pas cela.

— Vous m'effrayez, mon cher Reynold.

— Ah! voilà déjà que vous vous moquez de moi.

— Mais non, vraiment.

— Eh bien! je vais vous dire la chose sans détours.

— Je commence à l'espérer avec d'autant plus de plaisir qu'il fait froid, et avec d'autant plus de raison que vous les avez épuisés tous.

— Je vous dirai donc…, sans hésiter davantage…, mon cher… Robert Dimeux…; je vous dirai donc… sans préambule…, sans tergiversations…, que… mais vous vous rappelez la discrétion que vous m'avez promise… Je vous dirai alors…

Ici Charles parla si bas, que je ne puis répéter ce qu'il dit.

— Mais, dit Robert, et Laure dont vous me parliez hier.

— Plaisanterie, mon cher Dimeux.

— Et Julie dont vous m'avez raconté de si bonnes histoires.

— Mensonges, mon cher Dimeux.

— Et Anna sur laquelle vous m'avez donné des détails si intimes.

— Vanteries, mon cher Dimeux.

— Et Adèle, je crois, oui, c'est Adèle que vous l'appeliez, dont vous m'avez fait des descriptions si ravissantes, que j'avais presque envie de les vérifier.

— Inventions, mon cher Dimeux.

— Ce sont donc aussi plaisanterie, mensonge, vanterie et invention que ces lettres, ces billets, ces rendez-vous, ces nuits passées dehors, ces maris jaloux, ces invasions par les fenêtres....

— Comme vous dites, mon cher Dimeux, plaisanterie, mensonge, vanterie, invention.

Et alors, Robert fit une question aussi bas que Charles avait parlé quelques instants auparavant.

CHARLES.

Jamais.

ROBERT.

Jamais, jamais?

CHARLES.

Jamais.

ROBERT.

C'est très drôle.

CHARLES.

Pour vous.

ROBERT.

Je ne vois pas où est le malheur pour vous à présent, mais enfin...

CHARLES.

J'ai bien quelques théories, mais...

Robert parla bas assez longtemps.

CHARLES.

Je vous remercie, mon cher ami.

ROBERT.

Il n'y a pas de quoi, vos théories étaient excellentes. C'est tout ce que vous aviez à me dire?

CHARLES.

C'est parbleu bien assez.

ROBERT.

Alors rentrons, je meurs de froid. Vous m'avez tenu là un cigare tout entier.

Robert jeta la fin de son cigare, et rentra le premier; madame Reynold, la mère, lui demanda d'un air fort inquiet : Où est mon beau-fils?

— Il va venir, madame.

— C'est qu'on n'est jamais tranquille, avec des jeunes gens qui ont mené une vie si folle et si dissipée...

VIII.

Marie-Clotilde.

Tony Vatinel devint assidu chez Clotilde. Il était généralement silencieux. Un soir, cependant, on vint à parler de Trouville; il prit la parole et demanda à Clotilde si elle se rappelait bien la plage, et si elle se rappelait aussi les petits bois qui dominent la *Touque,* et les beaux couchers du soleil. Vous rappelez-vous, madame, disait-il, ce jour où les pêcheurs rentrèrent par un si terrible coup de vent ?

Et il fit de la tempête une description qui fit frissonner les auditeurs.

Vous rappelez-vous de la colline, au mois de mai, couverte de joncs en fleurs comme d'un drap d'or ?

C'était, ce soir là, grande représentation au théâtre Italien, Clotilde était un peu fatiguée et n'y allait pas. Les trois ou quatre hommes qui étaient chez elle se levèrent. Et vous, M. Vatinel, dit-elle à Tony, n'allez-vous pas au théâtre Italien ?

— Non, madame.

— Vous le voyez, mes amis ne se gênent pas avec moi. — Ce n'est pas un reproche que je vous fais, messieurs, — allez vous en. — Je suis naturellement ingrate et je ne veux pas de sacrifices. Ne vous croyez donc pas obligé, M. Vatinel, de me tenir compagnie si vous avez mieux à faire.

— Faut-il, madame, demanda Vatinel, me croire obligé de m'en aller?

— Non.

— Vous n'aimez donc pas le spectacle, dit Clotilde à Tony, quand ils furent seuls?

— Non, madame.

— Ni la musique?

— Non plus.

— Je ne vous ai jamais vu danser?

— En effet, je ne danse pas.

— Ni jouer?

— Ni jouer.

— Ni causer?

— Ni causer.

— Qu'aimez-vous donc, alors?

— Moi, madame, je n'aime rien.

— C'est une plaisanterie!

— J'aime la plaisanterie moins que toute autre chose, mais je comprends que ce que je vous ai dit a besoin d'explication. J'ai dans le cœur une grande et violente passion.

Clotilde, à ces mots, s'embarrassa visiblement ; Tony s'en aperçut et ajouta :

La femme que j'aime *est* une jeune fille, vierge et ignorante,— qui n'a jamais eu même un frère dont les lèvres aient touché son front. — Deux fois seulement, et cela m'a tellement ému que j'en pourrais dire le jour et l'heure, — deux fois seulement mes doigts ont touché les siens ; — une autre fois, craintive, fatiguée, elle a abandonné un instant son corps sur mon bras, — et j'en sens encore l'impression. Cet ange n'est plus, madame.

Clotilde le regardait avec étonnement et avec défiance. Elle savait bien que c'était elle que Tony aimait, et tous ces souvenirs s'appliquaient à elle parfaitement. Tony continua.

Je sais, madame, dit-il, que Robert vous a montré mes lettres, et je saisirai cette occasion de vous les expliquer, parce que un jour ou un autre vous pourriez bien me chasser de votre présence, et croire accomplir un devoir en agissant ainsi, et ce serait pour moi un grand malheur ; car, réellement, je ne peux vivre que là où vous êtes. Donc, madame, je ne vous dirai pas : Je vous ai aimée et je ne vous aime plus. Ce n'est pas cela, ce n'est pas moi qui ai changé. J'ai aimé ce que vous étiez quand je vous ai connue, et je n'aime pas ce que vous êtes aujourd'hui. Non-seulement, j'ai aimé ce que vous étiez alors, mais je l'aime encore, j'aime encore de toutes les forces de mon âme ; cette jeune fille dont je parle dans les lettres que vous avez lues ; mais, je ne la retrouve pas en vous. Cependant, vous êtes la seule personne avec laquelle je pourrais en parler. Robert est moqueur, et je ne veux pas exposer à la moquerie un sentiment aussi profondément enfermé dans mon cœur. — Cependant, je ne puis parler que de cela. Si j'ai un peu parlé ce soir, c'est que parler de Trouville, de la plage, des bois où je l'ai vue, c'est pour moi parler d'elle et de mon amour. Ce n'est qu'à une femme que l'on peut parler d'un amour véritable, — et il est peu de femmes auxquelles on puisse parler d'un amour qui n'est pas pour elles. Notre situation est tout à fait particulière. Vous seriez bien bonne de me permettre de vous parler quelquefois de celle que j'aime et qui n'est plus.

Clotilde regardait toujours Vatinel avec attention ; elle cherchait à découvrir dans les yeux, dans l'expression de son visage, dans le son de sa voix, s'il était de bonne foi en parlant ainsi, et s'il la faisait assister à quelque rêve d'un cerveau en délire, ou si c'était une façon très alambiquée et d'un goût plus que médiocre de lui faire une déclaration d'amour.

Le résultat de ses observations fut que Vatinel était peut-être fou, que peut-être il se trompait lui-même ; mais qu'à coup sûr il ne voulait tromper personne, et qu'il était de la meilleure foi du monde.

— M. Vatinel, dit Clotilde, j'imiterai votre

franchise. Le hasard ou une petite perfidie de votre ami dont j'ignore le but, vous a instruit d'une chose que je ne vous aurais jamais dite. J'ai été extrêmement touchée de cet amour si vrai que peignaient vos lettres pour mo..., pour celle que vous aviez aimée, que vous aimez encore, dites-vous. — Vous avez été malheureux, vous l'êtes peut-être encore. — Je veux vous aider à vous consoler, et en y consacrant mes soins les plus affectueux je croirai accomplir un devoir : je suis heureuse de n'avoir pas à parler des barrières infranchissables qui se sont élevées entre nous. Soyons amis, nous parlerons de tout ce que vous voudrez ; — de cette Clotilde... qui n'est plus. — Vous avez raison.

— Madame, répondit Vatinel, je ne l'appelle que *Marie* dans mon cœur; car elle s'appelait *Marie*, doux nom formé avec les lettres du mot *aimer*.

— Mais que vous disais-je d'abord ? —

je vous disais que je n'aime rien. — Les goûts sont de la monnaie d'amour. — Tout ce qui avait en moi quelque puissance d'aimer, — même le plus légèrement, — tout est rentré dans mon cœur pour se réunir à l'amour que j'ai pour.... pour *Marie*.

Cet amour est comme le soleil qui aspire jusque dans le calice des fleurs les plus petites gouttes d'eau pour les réunir en un nuage qui porte la tempête.

— M. Vatinel, dit Clotilde, je vous crois un homme bon et loyal, et je ne doute pas un instant que vous soyez parfaitement de bonne foi. Seulement, comme cet amour dont vous parlez est tout à fait en dehors des conditions humaines, il est possible que vous vous trompiez vous-même. — Je ne sais trop comment vous dire cela. Rien de si ordinaire à une femme que de refuser à croire qu'on l'aime. — Mais il est moins ordinaire et moins commode de dire : « Vous dites que vous ne m'aimez pas,

— et je crains cependant que vous ne m'aimiez. » C'est là une grande fatuité féminine ; mais j'aime mieux m'exposer à être un peu ridicule qu'à jouer un jeu qui nous amènerait peut-être du malheur à l'un et à l'autre.

Certes, moi, l'auteur, je ne prendrais pas sur moi ici de décider si Clotilde avait réellement la crainte qu'elle mettait en avant, ou si elle était un peu piquée de la préférence que donnait Vatinel à ce qu'elle avait été sur ce qu'elle était présentement. — Je ne déciderai pas non plus si Clotilde n'était pas partagée par ces deux sentiments, et si elle aurait été plus capable de bien définir ce qui se passait en elle.

— Toujours est-il que Vatinel prit sa crainte au sérieux. — Mais ce brave et digne jeune homme a si peu eu le sens commun dans toute cette conversation que l'on n'ose pas trop être de son avis.

— Madame, dit-il, se servant pour lui être agréable et pour la rassurer des sentiments qu'il était heureux de trouver dans son cœur, — comment voudriez-vous que je pusse vous aimer?

C'était réellement un singulier garçon que Tony Vatinel, un sauvage bien sauvage, et dont je suis honteux d'avoir à rapporter les discours.

Clotilde fit une petite grimace qui disait clairement qu'elle trouvait le personnage assez difficile et assez bizarre. Il n'y fit aucune attention et continua : Comment voudriez-vous que je pusse vous aimer avec le cœur dont j'ai aimé *Marie*. Il n'est pas un des objets qui vous entourent qui ne me serait odieux; — vous ne pourriez pas prononcer une parole, faire un geste qui ne m'inspirât de la haine! Si je vous aimais, j'aurais envie de vous tuer et de me tuer après! Vous qui avez un mari, un homme auquel vous appartenez, un homme qui restera avec vous quand je vais être parti; dans quelques instants. Ce salon, ces fauteuils, ces rideaux, vos vêtements, vos bagues; — votre nom; — tout me rappellerait que vous êtes souillée, que vous êtes à un autre! —Oh! non! non! madame; plus j'aimais ce que vous étiez, moins je puis aimer ce que vous êtes! Plus j'ai aimé *Marie*, moins je puis aimer *Clotilde !* Ce sont deux femmes dont l'une est morte, et, pour que je le croie mieux, vous n'avez rien gardé de *Marie.* — Vous n'avez plus la même physionomie, ni les mêmes gestes, vos cheveux sont arrangés autrement, vous avez plus d'embonpoint, votre voix a bien plus d'assurance ainsi que votre regard. — *Marie* parfumait sa chevelure d'une douce odeur de violette qui semblait être son haleine. — Vos cheveux, à vous, sentent je ne sais quelle odeur que sentent également les cheveux de cent autres femmes.

Quelquefois, cependant, il vous arrive pour un instant, quand vous êtes éclairée de certaine façon, ou quand votre voix, prononçant certains mots, trouve certaines inflexions, il vous arrive de ressembler à Marie et de me la rappeler. — Mais, c'est pour moi comme une vision, comme une apparition qui s'évanouit aussitôt. Il y a quelques jours, vous étiez, par hasard, coiffée comme se coiffait *Marie*, et quand vous aviez la tête penchée, vous lui ressembliez tout à fait. Mais, qu'arrive-t-il, alors? que je vous hais, et qu'il me semble presque que j'aime moins Marie. — Vous voyez bien, madame, qu'il est impossible que je puisse vous aimer. — Hors de ces idées, vous êtes charmante, gracieuse, spirituelle, pleine de tact et de finesse ; mais, vous n'auriez pas été Marie et je ne l'aurais pas connue, que je ne vous aimerais pas ; car, par un hasard étrange, vos perfections mêmes sont des choses que je haïssais avant de vous connaître ; et je suis sûr que si j'avais voulu tracer le portrait d'une femme selon mon cœur, il n'y a pas un trait qui vous eût ressemblé.

IX.

De ce moment, Tony Vatinel vint voir Clotilde tous les jours. Quand elle était seule, il lui parlait du passé, de celle qu'il appelait toujours Marie. Il lui racontait l'histoire de ses moindres sensations pendant tout le temps qu'ils étaient restés ensemble à Trouville ; il n'avait rien oublié. Il se rappelait pour chaque jour ce qu'elle avait dit et comment elle était habillée.

— Ce jour-là, disait-il souvent, elle avait une boucle de ses cheveux dérangée par le vent.

— Cet autre jour, elle avait un chapeau de paille orné d'une branche de giroflée violette.

Mais quand il y avait quelqu'un, il se renfermait dans un silence opiniâtre, et quand Clotilde lui en faisait des reproches, il lui disait :

— Que voulez-vous que je dise, je n'ai rien à dire aux *autres*, et je ne sais même pas bien pourquoi il y a des *autres* au monde.

Je ne demande qu'une chose au ciel, dit-il une autre fois,

C'est de vous trouver toujours seule, toujours disposée à m'entendre vous parler de Marie. Et je livrerais le reste de ma vie à qui la voudrait ; — mais il faudrait que j'eusse une confiance que je suis bien loin d'avoir ; il faudrait que mon cœur pût se tourner vers vous avec cette certitude de vous trouver, que les yeux ont à se lever au ciel.

X.

Arthur n'avait pas compris à quel degré il avait blessé le cœur de sa femme la nuit du bal de l'Opéra. Le silence qu'avait gardé Clotilde lui avait paru une preuve de faiblesse et de soumission, et au lieu de chercher à effacer l'impression de son injure, il crut qu'il pouvait tout oser. Il exigea qu'elle offrît des excuses à Alida, — et elle offrit des excuses à Alida. — Il voulut qu'elle reçût la veuve, — et elle la reçut. Il avait, en fait d'autorité dans sa maison, dans laquelle jusque-là il ne s'était pas trop cru le maître, toute l'insolence d'un parvenu.

Pour qui aurait bien connu Clotilde et aurait vu son cœur à nu, Arthur se trompait lourdement. Du moment où Arthur avait reproché à Clotilde son introduction dans la famille de Sommery, — la blessure qu'il lui avait faite était si profonde, que toute autre blessure ne pouvait aller au fond de la première et en toucher les bords, — ni par conséquent exciter de la douleur. Elle avait conçu pour Arthur à la fois tant de haine et tant de mépris, qu'elle ne pouvait plus avoir, à l'égard de la veuve même, cette jalousie de la vanité que l'on éprouve pour l'homme que l'on aime le moins. De petites tracasseries d'intérieur, le refus de revoir Alida ou de voir la veuve, n'auraient pu contenter Clotilde, et elle trouvait un plaisir amer à voir s'accumuler les torts et les injures de M. de Sommery.

Tony lui témoigna une grande admiration pour son angélique douceur.

—Tony, lui dit-elle, je fais ce qu'on veut, et je ne me plains pas, parce que cela m'est égal; les grands intérêts absorbent les petits.— Comme vous j'aime à me reporter en arrière. Je n'attache que peu de prix aux intérêts de ma nouvelle existence; il me semble que cela ne me regarde pas, et qu'il s'agit d'une autre personne. —Je crois que je redeviens *Marie*.

XI.

Un soir, Tony Vatinel trouva Clotilde avec la coiffure qu'elle avait le jour qu'il l'avait revue pour la première fois. — C'était la coiffure qu'elle portait à Trouville.

Il la regarda avec un intérêt plus marqué.

— A quoi pensez-vous, lui dit-elle?

— Je pense, répondit Vatinel, que je vais bien détester le premier qui entrera ce soir.

—Je l'avais prévu et j'ai défendu ma porte.— Excepté cependant pour mon mari.

Tony fut très fâché qu'elle eût prononcé ce mot. Mais il ne tarda pas à oublier cette impression. Clotilde avait repris ce parfum suave et fugitif de violette dont elle se servait autrefois. — Tony la regarda et resta rêveur.

Ce n'était pas sans intention que madame de Sommery avait parlé de son mari. Vatinel paraissait le plus enchanté et le plus amoureux des hommes; il n'y avait rien d'impossible que dans la suite de la conversation il lui prît fantaisie de se jeter aux pieds de Clotilde ou de lui baiser la main, il pouvait également arriver qu'Arthur rentrât à ce moment. On ne peut cependant dire à un homme tranquillement assis sur sa chaise, ayez soin de ne pas vous jeter à mes genoux; ne vous animez pas trop, parce que mon mari pourrait rentrer.

Il est cependant prudent de l'avertir, et Clotilde avait jeté le plus incidemment possible la mention que son mari pouvait rentrer.

— Trouvez-vous, dit Clotilde, que je ressemble à Marie?

— Oh! Marie, s'écria Vatinel; tu es Marie, tu es tout ce que j'ai aimé, et tout ce que j'aime. — Marie ou Clotilde, je t'aime; — je t'aime comme tu étais et comme tu es. — L'amour que j'ai pour toi est un culte auquel j'ai consacré toute ma vie. — Depuis longtemps l'amour a remplacé le sang dans mes veines. — Il y a des gens qui marchent, il y en a qui travaillent, il y en a qui font des projets et des rêves; — moi, je vous aime, et je ne fais pas autre chose.

— Et moi, aussi, dit Clotilde, Vatinel, je vous aime. Mais, écoutez-moi bien, mon ami. J'ai à vous entretenir d'une chose triste dont nous ne reparlerons jamais.

— Je suis mariée, je suis la femme de M. de

Sommery. Vous ne voudriez pas plus que moi d'un odieux partage. — Je ne serai jamais à vous. — Nous continuerons à vivre dans le passé. — Mon cœur seul vous appartiendra, mais il vous appartiendra aussi sans partage. J'aurai en vous la plus grande confiance. — Mais si vous en abusiez un instant, — je cesserais de vous voir, — parce que ma résolution est immuable. — Acceptez-vous ce pacte, — ce pacte d'amour pur et fraternel.

— Je l'accepte, dit Tony, et j'y serai fidèle. Vous avez raison d'ailleurs, je ne voudrais pas d'un partage dont la seule pensée m'inspire de l'horreur. — Nos âmes sont à jamais unies.

— Mon ami, dit Clotilde, vous êtes ému, votre teint est animé et vos yeux étincellent, nous sommes seuls; je ne veux pas qu'on nous trouve ainsi : allez-vous-en. Il arrive souvent que nous ne pouvons nous parler. — Il est rare que je puisse ainsi vous consacrer toute une soirée. Fiez-vous-en à mon cœur; je referai ce bonheur pour *nous* aussi souvent que je le pourrai. Quand ce sera impossible, vous ne vous plaindrez pas, et vous ne m'en voudrez pas;—vous n'oublierez pas que je souffre autant que vous de notre séparation. — Mais rien ne nous empêchera de nous écrire. Vous enverrez vos lettres à ma femme de chambre, sans adresse. — Maintenant, Tony, bonsoir. — Je vous aime : emportez ce mot pour vous tenir compagnie. — Donnez un baiser fraternel sur mon front.

Tony s'avança pâle et tremblant, et se pencha sur Clotilde. — Il posa ses lèvres sur son front blanc. — Tout disparut à ses yeux; — et quand il se releva, son âme tenait plus au front de Clotilde qu'à ses lèvres à lui. — Il chancela et s'appuya sur un meuble; — puis il partit en courant.

XII.

Robert Dimeux de Fousseron à Tony Vatinel.

Fousseron.

— Voici faites, mon cher Tony, les réparations à notre château de Fousseron. Pierre Meglou m'avait alarmé, il ne s'agissait que de quelques tuiles à remettre. Le mois d'avril va finir, et avec lui le froid, la neige et la pluie; je suis sûr qu'à Paris on s'étonne cette année, comme tous les ans, qu'il fasse mauvais au mois d'avril.

Le temps s'est tout à coup radouci, les sureaux et les sorbiers sont en feuilles, et seront bientôt en fleurs; les églantiers de *mes* haies ont déchiré l'enveloppe qui emprisonnait leurs feuilles dans les bourgeons. Tout le jour le ciel a été gris, mais à cette heure, deux heures avant de se coucher, le soleil a remporté la victoire sur les nuages, le printemps commence. Une petite fauvette grise à tête noire, chante sur la plus haute branche d'un de *mes* pommiers. Il y a presque un an qu'on n'a entendu cette voix pleine et vibrante. La voix de la fauvette, c'est aussi printanier que la première violette qu'on trouve sous la mousse; mais cela vous remue encore plus le cœur; quelle touchante chanson! Charmant héraut qui annonce que la fête de la nature commence, que le soleil et les frais ombrages, et les fleurs et les amours vont reparaître. Douce chanson qui réveille les pensées du printemps endormies dans le cœur comme les pâquerettes étaient cachées sous la terre noire, et qui refleurissent avec elles.

Viens ici, mon Vatinel, viens avec moi voir fleurir *nos* pommiers. Que fais-tu à Paris ? Tu m'as donné, de ne pas aimer madame de Sommery, des raisons auxquelles j'ai dû me rendre. Paris s'attriste, les gens qui ont dépensé trop d'argent à Paris pendant l'hiver ont déjà fait comme moi, ils ont fait semblant de prendre un moineau pour la première hirondelle, et ils sont partis pour la campagne ; la saison du théâtre Italien est finie, viens voir fleurir nos pommiers.

ROBERT.

XIII.

Tony Vatinel à Robert Dimeux de Fousseron.

— Ah! Robert, que me font maintenant le printemps, et les pommiers, et la nature; hélas, je crains de trouver dans mon cœur un bien plus mauvais sentiment que cela; sans le besoin que j'éprouve de t'écrire, de te parler, de te dire ce qui se passe, j'aurais peut-être fait le blasphème d'ajouter : Que me fait l'amitié?

Ah! oui, je t'avais donné de bonnes raisons, de ne pas aimer Clotilde; je m'en étais donné de meilleures encore, je me trompais moi-même comme je te trompais. Je l'aime Robert, plus que je ne l'ai jamais aimée.

Et vois-tu maintenant, Robert, je suis perdu, je ne puis plus être *désillusionné,* comme on dit, car je l'aime couverte d'opprobre, souillée, flétrie, je l'aime infidèle, je l'aime prostituée. Cherche donc maintenant à me guérir. Ou plutôt maintenant je n'ai plus d'idées, ni du bien, ni du mal; le bien, c'est ce qu'elle est, c'est ce qu'elle fait, quoi qu'elle soit et quoi qu'elle fasse. Le mal c'est le reste. Quand je suis revenu, il y avait des choses que je n'aimais pas, il y en avait d'autres que j'avais en horreur et en mépris. Je suis arrivé, j'ai revu Clotilde, je l'ai revue formée de toutes ces choses-là.

Eh bien! aujourd'hui, ces choses-là je les aime. Clotilde est décolletée, je trouve à cela des excuses; que dis-je? je blâme en dedans de moi les femmes qui ne le sont pas. Clotilde tutoie son mari; elle le tutoie devant moi; je rougirais de te dire les misérables raisons que j'ai imaginées pour trouver cela parfait. Je dis misérables, parce que je parle à ton point de vue; car moi je suis convaincu. Clotilde parle haut, parle de tout, je trouve cela ravissant; Clotilde a un mari auquel elle veut que je donne la main; autrefois j'appelais cela une lâcheté, une perfidie, une trahison. Non, je remplirais dix pages d'une justification que je trouve suffisante et complète.

Je ne sais plus rien, je n'attends pas qu'elle agisse ou qu'elle parle pour savoir si ce qu'elle dit ou si ce qu'elle fait est bien. Non, j'attends qu'elle agisse et qu'elle parle pour savoir ce qu'il est bien de faire et de dire.

Je vais au spectacle; je trouve d'une sauvagerie ridicule, de fuir le monde. Sa toilette, sa coiffure, sont celles qui me déplaisaient autrefois, ce sont les seules que je trouve bien aujourd'hui ; et je trouve ridicules les femmes qui ne sont pas coiffées et habillées comme elle.

Mais à quoi sert de te dire tout cela, tout n'est-il pas compris dans ces mots :

J'aime Clotilde en sachant que chaque matin elle sort des bras d'Arthur de Sommery.

J'aime la honte, j'aime l'opprobre, j'aime la fange, si Clotilde est dans la fange, dans l'opprobre et dans la honte.

Robert, je suis perdu.

Oh! goûte seul ces douces sensations du printemps, mon cœur est plein, il n'y a de place pour rien.

Je ne peux plus rien faire qu'aimer, qu'adorer cette femme que je trouverais hideuse si j'avais une seconde de bon sens; je l'aime et j'en meurs.

Ah! quand je n'aimais que celle que j'appelais *Marie*, celle que, — tu avais bien raison, — j'avais parée de charmes trouvés dans mon âme; alors on pouvait me guérir, parce qu'en regardant de près, aucune femme ne m'aurait tenu les promesses que je faisais faire à celle-là sans la consulter. Mais maintenant Clotilde, mariée, abandonnée sans amour à Arthur de Sommery, — Clotilde est ce que ma raison trouve de plus infâme; — et je l'aime, et je consentirais à mourir dans une heure seulement pour baiser ses pieds nus.

Tony.

XIV.

Tony Vatinel à madame de Sommery.

Je viens de parler une heure seul avec vous, et je vous quitte pour vous écrire. — Et que vais-je vous écrire? Tout à l'heure, il me semblait que la voix et les yeux réunis ne pourraient vous dire ce que j'éprouve. Que fera ce morceau de papier?

Pendant le temps que nous sommes restés ensemble, vous avez laissé vos deux mains dans les miennes; — puis, vous m'avez donné votre main à baiser; — celle que vous me donniez était la main gauche. — Je n'ai pu m'empêcher de la repousser et de prendre l'autre. Vous avez cru que c'était à cause de votre *alliance*, et vous m'avez fait voir que depuis que vous êtes *Marie*, vous avez substitué à cet anneau qui contenait deux noms, Clotilde et... l'autre, — un simple anneau sans inscription. J'ai été bien reconnaissant de ce que vous avez fait là, chère Marie, mais je ne n'en ai pas moins continué à ne baiser que votre main droite, et je suis parti.

— C'est que, chère Marie, je suis bien avare de vous. — Et pensez-y, j'ai si peu de vous, que je n'ai pas cette avarice de l'homme riche dont on rit, mais j'ai l'avarice du pauvre qui défend sa vie. Un de ces hommes qui vous entourent vous avait, en vous quittant, baisé cette main gauche. Je comprends qu'avant notre rencontre, vous vous soyez soumise, sans y penser, à cette formule banale. — Mais aujourd'hui qu'il y a un homme qui vous adore, — un homme qui vous donne toute sa vie, sans restriction aucune; aujourd'hui que vous ne pouvez lui donner que ces légères faveurs, elles ont pris une telle importance, que vous devez, comme je le fais, moi, les estimer comme un trésor inappréciable, et que vous ne devez plus penser que cela puisse servir à une simple formule de politesse.

Et ce même homme qui vous a baisé la main, vous avait auparavant parlé à l'oreille, et vous avez souri en rougissant. Si vous saviez que de haine cela éveille dans mon cœur. — Cependant, je le crois dans d'autres moments si plein d'amour qu'il ne peut contenir autre chose. — Il faut que cette haine soit de l'amour empoisonné, car elle a, comme l'amour, ce désir vague de saisir et d'étreindre. —

C'est un mélange d'amour et de haine que je ne puis exprimer que par l'idée de caresses qui vous tueraient, d'étreintes dans lesquelles je vous étoufferais.

Je vous hais d'un mot qu'on vous adresse ; je vous hais d'un désir que vous inspirez ; — je vous hais d'un sourire que vous donnez aux paroles des autres, — d'un regard qui me semble un peu prolongé. Rien ne m'échappe, je vois tout, — je vois plus que tout.

Comme je vous hais ! — et comme je vous aime ! — La jalousie est un poison composé de toutes les passions les plus violentes, de toutes ces passions dont la moindre remplit la vie d'un homme et le dévore sans le tuer — comme le vautour de la fable.

La jalousie est un mélange de l'amour, de la haine, de l'avarice et de l'orgueil.

Et quand je vous dis que je souffre, — croyez-moi, — Marie, — et surtout pensez que je n'exagère jamais rien ; — que j'ai plutôt de la propension à atténuer ce que je sens quand je l'exprime en paroles ; — ou plutôt, ce que j'éprouve pour vous, et que je n'éprouve rien que pour vous, a une telle violence que les paroles ne peuvent le peindre. — Pensez qu'il ne faut pas appliquer à mes paroles cette *échelle de réduction* qu'il est prudent de faire subir à celles de presque tout le monde.

Par le mal que vous me faites, Marie, jugez de tout le bonheur que vous pouvez me donner.

Mais comment se fait-il que depuis que vous m'aimez rien n'ait changé ni dans vos manières, ni dans vos habitudes. Quand nous sommes seuls et qu'il nous survient quelque importun, cela ne vous coûte rien de reprendre le ton de la conversation ordinaire. — Vous avez avec quelques personnes un air de familiarité habituelle qui me désespère. C'est tout mon peu de bonheur que vous divisez ainsi et qu'on me vole. Qu'on abandonne ainsi sa vie au pillage quand on n'en sait que faire, je le conçois ; mais maintenant, — il faut leur reprendre tout ce que vous leur donniez et le garder pour moi. Pensez que la moindre parcelle de vous est pour moi un trésor que je voudrais enfermer dans mon cœur et dérober à tous les regards.

Encore une chose qui me choque au plus haut degré. — A chaque instant, quelqu'un de votre société a avec vous un échange de paroles auxquelles je ne puis rien comprendre. — Il y a entre vous et certaines gens des langages mystérieux, — des choses dont vous êtes et dont je ne suis pas.

Ah ! Marie, que je vous aime !

Je vous le répète, — Marie, — quand je vous montre ainsi ce que je souffre, — c'est pour vous faire bien comprendre tout ce que vous pouvez me donner de bonheur.

TONY.

XV.

Clotilde de Sommery à Tony Vatinel.

Vous êtes fou, Tony, et vous me faites peur.
— Il y a donc une triste nécessité qui oblige l'homme à souffrir puisqu'il se forge lui-même des sujets de chagrin quand le sort semble s'obstiner à lui en refuser de réels.

Quoi! ce n'est pas assez que je vous donne

mon cœur tout entier ; ce n'est pas assez que vous soyez devenu le plus cher ou plutôt le seul intérêt de ma vie ; — ce n'est pas assez que mes journées et mes nuits s'emploient à préparer et à amener les quelques instants que je peux passer avec vous. Vous voulez encore que je change mes habitudes et mes façons d'agir. — Savez-vous ce que vous me demandez là, Tony ? — Rien autre chose que ma perte et notre séparation éternelle. — Ces changements que vous exigez de moi, et que je désire plus que vous peut-être, — savez-vous ce qu'ils produiraient ? — Rien autre chose que de faire rapprocher leur date et celle de votre entrée chez moi. Et une fois qu'il serait établi que j'aime quelqu'un, — tous ces hommes qui m'entourent, qui se maintiennent l'un l'autre, — et que je maintiens moi-même par l'absence de préférence, — ces hommes s'en iront, et deviendront mes ennemis. On veut bien être amoureux inutilement d'une femme que per-

sonne n'a, parce que dans son amour-propre
on la déclare impossible. — Mais le jour où ils
croiront que j'ai fait un choix, ils deviendront
mes ennemis, je vous le répète, et ils me perdront dans le monde.

Et à quel titre vous recevrai-je quand je ne
recevrai plus les autres?

D'ailleurs, ce que je fais, ce que vous croyez
à tort quelque chose, je le fais pour tous. —
Vous savez ce que je ne fais que pour vous.
Vous vous plaignez, — vous êtes jaloux. —
Voulez-vous donc changer votre sort contre
celui du plus favorisé d'entre eux? Toutes
ces choses dont vous vous blessez sont les
choses les plus simples, et elles vous choquent,
parce que vous n'allez pas dans le monde; tout
vous étonne, parce que vous n'avez rien vu. —
Je vous parais légère, n'est-ce pas? — Eh!
bien, dans le monde je passe pour pousser la
réserve à l'excès, et l'on me traite de prude.

Je vous le dis encore, Tony, vous êtes fou,

— et la folie me fait plus de peur qu'elle ne m'intéresse. Vous me récompensez mal par des menaces des dangers que je cours et de la tendresse que je vous porte.

CLOTILDE.

XVI.

Tony Vatinel à madame de Sommery.

Moi, vous menacer, grand Dieu ! Et de quoi est-ce donc que je vous menacerais, vous qui avez ma vie dans votre volonté; vous qui me faites vingt fois dans une heure mourir ou revivre d'un mot ou d'un regard? Je souffrais, j'ai demandé des consolations à votre cœur;

ai-je donc eu tort? A qui aurai-je recours maintenant puisque je vous irrite quand je vous dis que je souffre; mais ma lettre était pleine d'amour, je n'avais que de l'amour dans le cœur en l'écrivant; mais vous ne l'avez donc pas lue? — Comment vous n'avez pas compris ma lettre?—Mais je vous aime..., je vous aime, entendez-vous..., je vous aime...; quoi que j'écrive, quoi que je dise..., cela signifie toujours je vous aime...

Je n'ai pas écrit un mot de ce que vous avez lu dans ma malheureuse lettre; — je ne me rappelle plus ce que j'ai écrit, mais je n'ai pas besoin de me rappeler, je sais bien, je sens bien qu'il n'y avait que de l'amour...

Vous pensez que je juge mal certaines choses, parce que je ne connais pas le monde; mais n'est-il pas possible que ce soit vous qui les jugiez faussement parce que vous avez toujours été dans le monde.

La seule raison que vous me donneriez serait

celle-ci : que ne serais pas choqué des choses dont je me plains si j'allais dans le monde, parce que l'habitude de voir ces mêmes choses faite par tous, me les rendrait indifférentes. Voila ce que vous voulez dire.

Mais, il y a des pays où on mange les hommes : il est probable que l'habitude fait trouver cela fort naturel aux habitants de ce pays-là ;— croyez-vous qu'un étranger fût très injuste de s'en choquer un peu?

En tous cas, il y a un jugement sans appel.

C'est celui de l'amour : ce qui blesse, — à tort ou à raison, — l'homme qui vous aime, comme je vous aime, est un tort, est un crime.

A tort ou à raison, ce qui m'inquiète, ce qui me décourage, ce qui me fait douter de l'avenir, du présent, du bonheur, de votre tendresse, qui est pour moi la vie, tout cela est mal ; — quel que soit le jugement qu'en porte d'ailleurs le monde.

J'aurais depuis cinquante ans l'avantage

d'être dans le monde, avantage que je partagerais avec un assez grand nombre d'imbéciles, je ne me soumettrais à rien de ce qui m'arrive douloureusement au cœur, — à rien de ce qui excite ma jalousie, — à rien de ce qui vous fait moins à moi.

Eh! que donne donc le monde, — en échange des sacrifices qu'il impose?

Tony.

XVII.

Clotilde de Sommery à Tony Vatinel.

Ce que donne le monde, — une considération sans laquelle vous-même, peut-être, vous ne m'aimeriez pas.

(Ces lignes étaient effacées dans la lettre de Clotilde. — Elle avait pensé sans doute que Tony l'aimerait sans le respect du monde, lui qui l'aimait sans.... sans l'estimer lui-même; car, dans les idées de Vatinel, le mariage de Clotilde, mariage sans amour pour un nom et pour une fortune, était une honteuse prostitution. — La lettre n'avait donc de lisible que ces mots :)

Venez tout de suite, — je n'ai qu'une minute à être seule.

Marie.

XVIII.

Tony arriva en toute hâte chez Clotilde. — Elle était couchée sur un divan de soie, — il ne pénétrait qu'un faible jour dans la chambre.

—Tony, lui dit-elle, vous avez tort, car je vous aime.

J'ai voulu vous faire entendre ces paroles ; —j'ai pensé que ma voix entrerait mieux dans votre cœur que des caractères sur du papier. Maintenant, allez-vous-en après avoir posé vos lèvres sur mes yeux que vous avez fait pleurer et qui seront rouges ce soir pour ma soirée, —la dernière.

Tony s'en alla,—heureux—et insensé.

XIX.

Pour quelqu'un moins amoureux que Tony Vatinel, il eût été facile de voir que Clotilde ne négligeait rien pour exalter sa passion et le tenir dans la dépendance la plus absolue. Clotilde, de son côté, croyait avoir jeté au dehors d'un seul coup tout ce qu'il y avait d'amour dans son cœur, avec les émotions qu'elle avait ressenties à Trouville, émotions qui ne s'étaient jamais renouvelées dans sa vie.

Elle en avait conclu que pour certaines organisations l'amour est la fleur de l'âme qui doit s'effeuiller au vent pour faire place aux fruits qui mûrissent lentement. Aussi n'avait-elle nullement redouté de jouer avec l'amour, par lequel elle se croyait invulnérable. — D'ailleurs, une autre passion, exclusive autant que l'amour, la haine, s'était emparée de ses facultés. Néanmoins, il y avait des moments où cette passion si vraie et si profonde de Vatinel la touchait jusqu'au fond de l'âme, et lui faisait craindre que l'amour fût contagieux. — Puis, elle se rassurait en se rappelant qu'elle avait payé son tribut, et en pensant que l'amour, comme la petite vérole, ne *s'attrape* pas deux fois.

A peine était-elle rassurée que Tony Vatinel tirait de son cœur quelqu'une de ces paroles puissantes qui ouvraient le sien invinciblement, — comme les paroles mystérieuses : « Sesame, ouvre-toi, » ouvrent, dans les *Mille et une Nuits*, la porte de la caverne à l'heureux Ali-Baba.

XX.

Arthur, de son côté, grâces aux suggestions d'Alida Meunier, ne tarda pas à remarquer que Vatinel ne sortait guère de sa maison, qu'il ne jouait pas, ne causait pas, et regardait beaucoup Clotilde. D'abord, il en tira cette conclusion que Vatinel était amoureux de sa femme. Mais Tony Vatinel était si peu conforme à l'idée que se faisait Arthur d'un séducteur ; il paraissait aux yeux d'Arthur si fort au-dessous de lui-même, Arthur, par la figure, le ton, les manières, l'esprit et l'élégance, qu'il ne pensa pas d'abord à s'en inquiéter. Mais bientôt, toujours *adjuvante Alida*, il trouva impertinent qu'un semblable monsieur eût, même sans aucune chance de succès, le désir et l'espérance de tromper un homme comme lui et de lui enlever sa femme. Quand Tony était sorti, il faisait sur lui quelques plaisanteries qu'il ne pouvait s'empêcher de mêler d'un peu d'amertume. Clotilde ne les relevait pas et semblait ne pas les entendre. Mais cela n'apportait à Arthur qu'une satisfaction personnelle, sans être désagréable à Tony qui l'ignorait; aussi bientôt, soit qu'il prît subitement à M. de Sommery une recrudescence de tendresse pour ce qu'on voulait lui enlever, soit qu'il voulût blesser Tony, — il manifesta pour sa femme, devant tout le monde, un amour extrêmement exigeant. Il sortit même des manières de bonne compagnie qu'il avait d'ordinaire (le pauvre garçon ne les avait pas choisies, il n'en avait jamais vu d'autres), et se permit, en paroles, diverses allusions aux détails de sa félicité conjugale, et en action, des caresses pour lesquelles il semblait que son impatience ne lui permît pas d'attendre le départ de ses visites.

C'était surtout quand Vatinel se trouvait seul en tiers avec eux, — ce qui arrivait souvent, parce que l'on commençait à partir beaucoup pour la campagne, — qu'il pouvait se donner le plaisir d'être désagréable à Tony sans s'exposer à paraître un rustre à des personnes dont il redoutait l'opinion ; — il embrassait sa femme, il mettait sa tête sur son épaule. — Tony, pendant ce temps, changeait de couleur, et haïssait Clotilde autant qu'Arthur. — Un jour, Arthur alla jusqu'à vouloir asseoir sa femme sur ses genoux. Clotilde se releva rouge et confuse, et fut quelque temps sans oser lever les yeux sur Tony Vatinel. Cependant, Arthur étant sorti un moment du salon, elle dit à Tony : — Ne manquez pas en sortant de lui tendre la main comme de coutume.

— Moi, dit Tony; — je le hais, et si je tenais sa main dans la mienne je la briserais.

— Avant-hier, vous êtes parti, dit Clotilde, sans lui donner la main, et il l'a remarqué. Cette action de mauvais ton qu'il a faite aujourd'hui est une épreuve. Vous m'avez effrayée; vous êtes devenu pâle comme un mort. Il ne peut manquer de l'avoir vu comme moi.

— Il arrivera ce qu'il pourra, reprit Vatinel, mais je ne donnerai pas la main à l'homme que je hais le plus au monde.

— Belle et noble haine, en effet, interrompit Clotilde, dont les effets retomberont sur moi. Pourquoi ne lui dites-vous pas alors que vous m'aimez et que je vous aime? Je vous assure que cela ne serait pas beaucoup plus clair, et ne m'exposerait pas davantage à tous les ennuis d'une guerre intérieure. — Tony, vous tendrez la main à Arthur quand vous vous en irez. Il le faut.

Le pauvre Tony obéit. — Et Clotilde, quand il partit, regarda avec une joie cruelle la haine qui éclatait en feu sombre dans ses yeux presque sanglants.

XXI.

Quoique M. Arthur de Sommery ne se fit pas à lui-même l'injure de redouter Tony Vatinel; sans s'en apercevoir, il commença à rester un peu plus chez lui. Il ne perdait pas une occasion de faire paraître Tony ridicule aux yeux de Clotilde.

— Ma chère Clotilde, lui disait-il, tu ne t'aperçois pas des plaisantes figures que fait le fils de M. le maire. — Ses yeux ne te quittent pas un moment, — et il rougit ou pâlit d'un mot que tu prononces;

Ou : j'ai peu vu d'habits aussi mal faits que celui de l'héritier présomptif de la mairie de Trouville;

Ou : certes, je ne suis pas jaloux (il y a des maris qui croient faire beaucoup de plaisir à leurs femmes en leur disant : Je ne suis pas jaloux; comme si : Je ne suis pas jaloux, ne signifiait pas : Je ne suis pas amoureux; comme si : Je ne suis pas amoureux, n'était pas la chose la plus injurieuse qu'on pût dire à une femme); je ne suis pas jaloux, disait Arthur de Sommery, mais, réellement, ma chère amie, d'*autres* ne sauraient que penser de te voir souffrir ainsi les assiduités et les airs de ce monsieur, etc., etc.

Un des meilleurs procédés pour faire les affaires d'un amant, est celui que tout mari se hâte d'employer avec le plus grand soin. A savoir, de parler dudit amant avec injures et mépris. Les femmes se croient obligées à réparer l'*injustice* des maris, et cela les place vis-à-vis de l'amant dans une situation de miséricorde et de protection qui leur plaît infiniment et qu'elles paient quelquefois un peu cher aux dépens des maris.

Clotilde avait la prétention à ses propres yeux d'être une femme forte et maîtresse d'elle-même. — Aussi, quand elle se sentait dans le cœur quelque chose de tendre pour Tony Vatinel, s'en donnait-elle à elle-même quelque excuse. D'autres fois, il s'établissait en elle des discussions et des conflits assez semblables à des séances parlementaires.

XXII.

Séance du...

— Clotilde, disait Clotilde à Clotilde, tu m'inquiètes. — Serais-tu donc amoureuse?

— Clotilde, répondait Clotilde à Clotilde, tu es folle.

— Cependant, ma chère Clotilde, quand il

n'est pas là, tu es inquiète, agitée; en vain tu prends une tapisserie ou un livre, ou tu causes; quoi que tu fasses, tu ne fais pas autre chose que de l'attendre.

— Tu prends, ma chère Clotilde, la préoccupation de ma juste vengeance pour une préoccupation amoureuse.

— Cependant, ma chère Clotilde, son regard te trouble, sa voix touche et fait vibrer certaines cordes dans ton cœur.

— Cela m'émeut, ma chère Clotilde, comme m'émeut une tragédie ou un roman.

— Le jour qu'il t'a baisée au front, tu as singulièrement frissonné. Et que de soins tu prends pour lui plaire! ma chère Clotilde.

— Tu confonds ma haine pour Arthur avec un prétendu amour pour Vatinel, ma chère Clotilde.

— Je crains, ma chère Clotilde, que tu ne les confondes toi-même, et que tu ne haïsses d'autant plus Arthur que tu aimes un peu Vatinel.

— Mais, ma chère Clotilde, vois donc quel art j'emploie contre lui, avec quelle froide habileté je l'enchaîne, comme je marque d'avance le pas que je lui laisserai faire, et comme il n'en fait jamais deux; comme je calcule, comme je prépare et comme je conduis tout; comme j'excite à la fois sa haine pour mon mari et son amour pour moi. Non, Clotilde, ce sang-froid n'appartient pas à une femme amoureuse.

— Mais, pourquoi as-tu été choisir pour l'exécution de ton dessein précisément un homme qui t'a un moment, tu ne peux le nier, inspiré un vif intérêt.

— Parce que c'est un homme que je connais, un homme d'une grande énergie, et un homme qui n'a d'autre passion, d'autre ambition que l'amour, parce que c'est un fanatique, — que les fanatiques deviennent rares et que je n'en ai jamais rencontré d'autre que lui.

— Mais...

— D'ailleurs, mes plans ne sont pas ceux d'une femme amoureuse; je ne serai jamais à Tony Vatinel.

— Du plan à l'exécution....

— Ceci n'est point parlementaire, Clotilde.

— Je te dis, Clotilde, que du plan à l'exécution...

— La séance est levée.

XXIII.

Robert était revenu. Comme un jour de la semaine, chez madame de Sommery, on parlait politique; à cause de la présence de son mari, elle s'était enfoncée dans son grand fauteuil de velours et ne prenait aucune part à la conversation.

On était alors dans toute la ferveur de cette opposition qui a fini par renverser le trône de France, opposition dont peu de personnes savaient le secret et le but. Il n'était pas un homme ayant donné des preuves d'incapacité dans le gouvernement de sa maison, composée d'une femme, d'un enfant et d'une domestique, qui ne se crût capable de gouverner parfaitement la France.

Robert ne discutait jamais qu'avec Tony, parce qu'ils étaient de bonne foi l'un et l'autre, et qu'ils pouvaient se dire leur pensée toute entière. Aussi, dit-il, messieurs, en fait de gouvernement et d'opposition, je suis de l'avis de cette vieille femme, qui priait à Syracuse, dans le temple de Jupiter, pour la conservation des jours de Denis.

— Ma bonne, lui dit le tyran, qui peut vous engager à prier pour moi?

— Hélas, dit la vieille, votre prédécesseur était bien méchant, et j'ai prié Jupiter de nous délivrer de lui; mes vœux ont été exaucés, mais il a été remplacé par vous, qui êtes bien plus méchant qu'il n'était encore; qui sait comment serait votre successeur?

Tony Vatinel n'avait pas prononcé une syllabe depuis le commencement de la soirée. Mais il entendit Arthur de Sommery parler de la royauté. Tony se sentit bien heureux de ne pas être de l'avis d'Arthur. Il éleva la voix, et l'étonnement de l'entendre parler, la puissance impérieuse de son organe, lui donnèrent quelques instants de silence et d'attention.

— Eh mon Dieu, dit Tony Vatinel, lui avez-vous donc laissé quelque chose à cette royauté que l'on puisse aujourd'hui lui envier et lui prendre?

Ne la voyez-vous pas se draper péniblement dans les derniers lambeaux de la pourpre que lui arrachent par morceaux les ambitions subalternes, et de tous les haillons, les haillons de pourpre ne sont-ils pas les plus tristes, et les plus misérables?

Ne voyez-vous pas les rois ne dépasser plus les sujets que par la grandeur de leurs infortunes, et de leurs humiliations; et n'avoir conservé de leur élévation, que le funeste privilége de tout ce qui est élevé, d'attirer la foudre.

Ah! telle que vous l'avez faite, la royauté est un triste spectacle, qui fait faire une déplorable comparaison entre ce qu'elle était autrefois, pompeuse et magnifique, entourée de ses nobles fidèles, et vaillants barons, et ce qu'elle est aujourd'hui, que le trône de France est un fauteuil, la couronne une métaphore, et les vassaux, des avocats lâches et insolents, qui veulent être ses maîtres.

Aujourd'hui vous avez mis sur le trône le roi des tragédies et des mélodrames; ce tyran farouche, auquel tout personnage a le droit de débiter trois cents vers d'injures, dont la moindre vous ferait casser la tête par un commis *en nouveautés*.

On a essayé de guillotiner les rois et de les exiler ; mais cela ne pouvait être une habitude, il passait des générations entières qui étaient obligées de s'en refuser la joie.

Aujourd'hui vous avez un roi constitutionnel, un roi qui n'a ni force, ni volonté, ni action; un roi qui, si le feu prenait à la France, comme à la maison de certain philosophe, serait forcé de dire comme lui : Cela ne me regarde pas, je ne me mêle pas des affaires de ménage; dites-le à la chambre des députés.

Un roi, qui n'a pas plus de puissance que le roi des échecs, mais avec cette différence, que *dames*, *fous*, *cavaliers*, *tours* et *fantassins*, se font prendre et tuer pour le roi des échecs, tandis que *fantassins*, *cavaliers*, *fous* et *tours*, se retournent contre le roi constitutionnel.

Un roi pour lequel le mot *régner* n'est plus qu'un verbe auxiliaire comme *est;* et qui *règne* comme une corniche *règne* autour d'un plafond.

Au premier abord on croirait que l'on ne veut plus en France de la royauté et que tous ces efforts tendent à la détruire.

Il semble qu'on commence par inventer un roi qui ne fait rien, qui n'est bon à rien, pour arriver à cette conséquence: Puisqu'il ne fait rien, pourquoi en avoir un?

Il semble qu'on ait dit : Faisons du trône un fauteuil, puis nous arriverons à brûler le fauteuil, et alors on vous dirait : Finissez-en ;

> Mettez une pierre à la place,
> Elle vous vaudra tout autant.

Mettez sur le trône, un de ces bustes de plâtre bronzé dont vous décorez les mairies et les foyers des théâtres.

Faites empailler le premier roi qui mourra et conservez-le sans en élire d'autres.

Mais ce n'est pas cela, on ne veut pas tuer

la royauté; qui insulterait-on d'une manière aussi amusante, aussi audacieuse en apparence, aussi peu dangereuse en réalité?

On couronne aujourd'hui un roi comme on a couronné le Christ d'épines. On l'intitule roi comme on l'intitula

I. N. R. I.
Iesus Nazareth Rex Iudeorum,
Jésus de Nazareth, Roi des Juifs,

Pour que chacun vienne le frapper, lui donner des soufflets et lui cracher au visage (*alapas ei dabant*).

Et on lui fait courber successivement la tête jusqu'à la taille du plus petit, pour que le plus petit puisse aussi donner son soufflet.

Aujourd'hui, messieurs, l'ancien courage républicain si admiré contre les rois, est devenu une chose vulgaire, sans danger et sans gloire. Le danger est pour les amis de la royauté. Aujourd'hui il faut du courage, pour ne pas insulter les rois.

Ce ne fut qu'un cri contre Tony Vatinel.

Seuls, Clotilde et Robert se séparèrent de la foule; Clotilde se sentit fière de Tony, et charmée de voir Arthur battu aussi complétement; et Robert, lui dit en parodiant, un mot connu : « Tais-toi, Jean-Jacques; ils ne te comprennent pas. »

XXIV.

Robert n'était revenu à Paris que pour quelques jours, et il allait repartir pour un voyage. Il invita à dîner plusieurs de ses amis, entre autres Charles Reynold et Arthur de Sommery. On but et on parla beaucoup : — deux choses dont la simultanéité grise singulièrement vite.

Et il vint bientôt ce moment où tout le monde parle en même temps, et où personne n'écoute.

Tony était aussi silencieux que de coutume. Arthur, de son côté, ne manquait pas l'occasion de dire les choses qui devaient blesser celles des idées de Vatinel, qu'il avait émises. On parla de femmes; chacun raconta des histoires.

Et si on avait cru à la véracité des historiens, on aurait été surpris que celui qui avait parlé le premier, celui qui, par conséquent, avait le plus senti avoir quelque chose à dire, était celui dont l'anecdote était la moins curieuse, tant celle que l'on contait l'emportait en détails singuliers sur la précédente.

Tout en parlant, on continuait à boire. On cita quelques femmes à la mode : pour prouver qu'on les avait eues, on donnait les détails les plus intimes. Charles oubliant l'humiliant aveu qu'il avait été obligé de faire à Robert, avait repris toute sa loquacité; d'ailleurs sa situation avait changé. Sage, rangé, amoureux de sa femme, heureux dans sa maison, il se donnait dans la conversation pour un mari débauché et vagabond, — ne se reppelait pas qu'il était marié, — n'avait pas vu sa femme depuis quinze jours, etc., etc.

Et l'on buvait toujours.

Charles alors en vint à expliquer les beautés les plus secrètes de Zoé. — D'autres l'imitèrent à propos de leurs femmes et de leurs maîtresses;

Et Arthur de Sommery, à son tour, sacrifia honteusement sa femme.

Tony se leva avec un geste de haine et de mépris. — Robert le prit par le bras et l'emmena. — On était tellement échauffé qu'on ne s'aperçut pas de leur sortie; et comme on se trouvait au plus haut degré possible de l'ivresse, c'était le moment de parler sérieusement politique, et de discuter le sort des peuples et des rois.

Ainsi que cela se pratique dans les divers

gueuletons politiques, quand de grands citoyens, voyant la patrie en danger, se disent : La patrie est en danger, c'est le moment de dîner ensemble et de manger du veau.

XXV.

— Que cela t'ennuie, dit Robert à Tony, d'entendre Arthur parler longuement de choses que tu sais aussi bien que lui...

— Je te..., dit Tony.

— Que cela t'ennuie, continua Robert, je le conçois.

— Je te jure...

— D'autant que, par une fatalité bizarre, et que je pourrais expliquer, si je n'étais pas aussi complétement gris, les amants en savent toujours plus à ce sujet que les maris.

— Mais je...

— Mais ce que je comprends moins, c'est la fureur ridicule, qui, sans ma prudence, allait te faire envoyer une carafe à la tête de ce malheureux Arthur; une carafe dans un dîner d'hommes : blessure et insulte à la fois.

Je ne puis, dis-je, expliquer cette fureur, que par ceci : que tu as le vin égoïste, et que tu ne veux pas partager avec nos convives, ce que tu trouves déjà désagréable de partager avec un mari.

— Mais Robert tu es fou.

— Dis soûl, si tu veux, ce sera plus vrai; mais promets-moi, de ne te livrer à aucune violence, ou va-t-en.

Et comme je ne veux pas que tu t'en ailles,

il faut que tu promettes; aussi bien, pour un chevalier comme toi, je te dirai des raisons sans réplique d'être calme : c'est que tes fureurs compromettraient singulièrement la propriété indivise en question.

— Tu as raison, Robert, mais je te jure que jamais Clotilde...

— Alors tu es un imbécile, et elle est une coquette.

Rentrons; si ces gens-là boivent sans nous, et plus que nous, il arrivera deux inconvénients : ils deviendront plus bêtes que nous, et nous trouveront plus bêtes qu'eux.

XXVI.

Ah ça, demanda Robert à Tony, quand ils furent seuls ; quelle maîtresse as-tu ?

— Comment, quelle maîtresse, répondit Vatinel, — quelle maîtresse? Je n'ai pas de maîtresse ; je suis amoureux, et je ne suis pas amant.

— Ah oui, la grande passion ; mais aussi... la chair est faible, et, qui pis est, elle est forte. Il y a de ces infidélités qui n'en sont pas, qui ne partent, ni du cœur, ni de l'âme, ni de rien de ce que les femmes prétendent seul se réserver, en affichant le plus profond mépris pour le reste. Il est vrai que le reste est ce qu'elles pardonnent le moins de donner à d'autres. Tu as bien une, comment dirai-je...? une habitude.

— Moi, nullement.

— Ah! tu préfères peut-être... c'est plus prudent; mais pourquoi alors n'as-tu pas accompagné ces messieurs? Il est vrai que tu avais une raison : les maris ne manquent jamais de raconter à leurs femmes les équipées des hommes qui leur font la cour.

— Tu te trompes encore.

— Ah ça! mais alors...— Voilà bien les exigences des femmes mariées!... Pendant la lune de l'amour pur, fraternel et immatériel, elles exigent des pauvres amoureux une sagesse, un

soin de ne pas offrir à d'autres le genre d'amour qu'elles refusent comme un outrage.....
Pendant ce temps, elles ont à remplir des devoirs — odieux, il est vrai, — mais qui cependant aident un peu à supporter l'abstinence.

Leur affaire est parfaitement arrangée comme cela. Il n'y a rien de si agréable pour elles que d'être désirées, surtout lorsque, grâce à ce devoir,—odieux, comme je disais tout à l'heure, — on ne souffre pas trop de n'être que désirée. Il y a de quoi rendre un pauvre homme fou ou bête. Il est forcé d'attribuer à une seule femme l'amour qu'il ressent pour le sexe entier; malheureusement, mon cher Tony, tu n'es pas assez bête pour ne pas devenir fou.

XXVII.

Arthur annonça à sa femme que Tony Vatinel était un homme de mauvaise façon ; un parleur, un enthousiaste, un original, un *homme de rien* ; et qu'il n'entendait plus qu'on reçut chez lui de semblables *espèces*.

Clotilde se rappela, qu'elle aussi, il l'avait

appelée *une fille de rien*, et il y eut bien du souvenir de son propre outrage dans le ressentiment qu'elle éprouva des injures dites à propos de Vatinel.

Et moi aussi, se dit-elle, je suis *une espèce*, une *fille de rien*; c'est égal, je suis contente de voir que c'est un homme, brave, honnête, noble, fier et énergique, que l'on appelle ainsi. Cela me donne meilleure opinion de moi-même, et je ne me plains plus d'être confondue dans le même mépris avec un homme comme Tony Vatinel.

— Et, demanda-t-elle, comment ferez-vous pour ne plus le recevoir?

ARTHUR.

Mais il n'y a rien de si simple; en faisant défendre ta porte et la mienne.

CLOTILDE.

Il y a à cela un inconvénient; c'est que malgré que M. Vatinel n'ait pas le bonheur d'avoir votre estime, il s'est acquis celle de toutes les personnes qu'il a rencontrées ici ; qu'à ces personnes il faut donner une raison ou un prétexte, et que je ne veux pas me montrer complice de votre mauvais jugement ou de votre mauvais vouloir. Je dirai donc à M. Vatinel et à ma société, que j'agis par vos ordres.

ARTHUR.

— Non, ce serait donner à ce rustre un triomphe que je ne veux pas lui laisser. Nous allons bientôt partir pour Trouville.

CLOTILDE.

Comment ? nous ?

ARTHUR.

Oui, mon père consent à tout oublier.

CLOTILDE.

Comment, oublier ! Mais ce n'est pas ainsi que je veux rentrer chez votre père ! Oublier !... mais je ne veux pas qu'on oublie ! Et qu'est-ce qu'il y a à oublier ? Je ne veux pas qu'on me pardonne, je ne me reconnais pas coupable;

j'ai cédé à ce que leur fils prétendait être son bonheur, voilà mon crime. Est-ce parce que je n'ai voulu être à vous qu'avec le titre de femme, qu'ils ont quelque chose à oublier? Ah! ils auraient trouvé le contraire beaucoup mieux, n'est-ce pas?

ARTHUR.

Il ne sera pas question du passé; mes parents vous aiment; ils demandent à vous voir. Nous partons dans huit jours.

CLOTILDE.

Et c'est là le moyen que vous trouvez d'éloigner M. Vatinel? M. Vatinel demeure à Trouville, son père y est toujours.

ARTHUR.

Vous croyez.... Le voici; vous allez voir que je l'empêcherai bien d'aller à Trouville.

— Comment! qu'allez-vous faire?

— Oh mon Dieu! rien que de très pacifique.

Tony entra; on causa de choses et d'autres. Arthur eut un air presque bienveillant. — Voici un beau temps, M. Vatinel, dit-il, les grèves de Trouville doivent être belles ; quel malheur de rester à Paris ; mais mon père est si bizarre. Et vous, est-ce que vous n'irez pas un peu là-bas?

Clotilde vit le coup. Arthur avait les yeux sur elle, elle ne pouvait faire le moindre signe à Vatinel.

Elle interrompit.

— Oh ! certainement que M. Vatinel ne passera pas l'été sans aller voir son père.

Arthur la regarda fixement.

— Non, répondit Tony, je passerai l'été à Paris, mon père se porte bien, et j'ai ici pour lui et pour moi des affaires qui y nécessitent ma présence.

— Ainsi, dit Arthur, vous n'irez pas du tout à Trouville.

— Non.

— Les affaires vont quelquefois plus vite qu'on ne le pensait d'abord.

— J'ai presque toujours vu le contraire; d'ailleurs, celle qui me retient ici a une durée invariable.

Arthur sourit en regardant sa femme, et ne parla plus. Il vint d'autres personnes.

Vatinel fit tomber sa cuiller en prenant le thé.

Madame de Sommery, lui dit : — Mon Dieu, M. Vatinel, que vous êtes donc maladroit.

Puis elle annonça à sa société qu'elle quittait Paris dans huit jours pour aller passer l'été à Trouville.

Sans lever les yeux, Tony sentit que M. de Sommery le regardait; par un effort surhumain, il conserva un visage impassible.

On ne sait pas ce que souffrent en dedans les gens dits froids et insensibles, et qui ne sont que fiers et silencieux.

XXVIII.

Tony Vatinel à madame de Sommery.

Quelle nuit je viens de passer ! J'ai dormi quelquefois dans des moments où j'étais bien heureux; dans des moments où je vous voyais tous les jours, et je me reprochais amèrement de perdre dans le sommeil autant d'heures d'une vie que votre présence suffit pour rendre si fortunée.

Et cette nuit, où je suis si triste, si abattu, si écrasé, le sommeil m'est impossible ; triste nature humaine ! que le ciel est envieux du peu de bonheur qu'il donne à l'homme, et comme il sait le lui faire expier.

Quoi vous partez ! Et ce soir, où vous venez de me dire cela, à moi en même temps qu'à dix autres, comme la chose la plus indifférente du monde ; ce soir où j'ai dû entendre cette nouvelle, comme si cela m'était parfaitement égal, vous n'avez pas su m'adresser un de ces mots pour moi seul, que vous dites à tous et que moi seul puis comprendre ; vous ne m'avez pas même, au moment où je suis parti, accordé un regard, un regard qui m'eût dit que vous m'aimiez, que vous souffriez comme moi ; que vous alliez comme moi passer la nuit à chercher des moyens de nous rapprocher.

Mais, je me trompe, vous avez bien su m'adresser une de ces paroles dont je vous parlais tout à l'heure ; vous m'avez appelé maladroit. Ah ! il fallait dire malheureux. Avec quelle perfidie votre mari m'a fait tomber dans un piége. Ah ! si vous pouviez entendre avec quelle haine je dis ce mot-là dans mon cœur : votre mari. Je le hais, et souvent je cherche à inventer des tourments pour lui. Je n'en ai pas encore trouvés d'aussi horribles que ceux qu'il me fait subir, par son insolence, par ses familiarités avec vous, par ses droits, par son existence. Oh ! c'est un homme bien maudit de Dieu que celui qui aime une femme qui a un mari, une femme qui est à un mari.

Ah ! si c'est un crime qu'un amour adultère, au jour du jugement, Dieu ne pourra m'en demander compte, car je l'ai bien expié déjà. Si vous pouviez voir ce que mon cœur renferme de misères et de désespoirs, vous auriez grande pitié de moi.

Je vous ai quittée, triste, malheureux, furieux; ne sachant ni quand, ni comment je vous verrai ; vous demandant en vain une parole, un regard qui me donnât de la force. Mais vous vous êtes liguée avec votre mari, avec le sort fidèle à me persécuter; vous m'avez laissé partir désespéré. Marie! Marie! je prie le ciel qu'il n'y ait pas dans toute votre vie autant de douleurs qu'en a renfermées pour moi cette triste nuit qui paraît ne devoir jamais finir.

XXIX.

Clotilde de Sommery à Tony Vatinel.

Mon Dieu, mon ami, quelle tête folle vous avez! — et comme vous êtes habile à vous faire des désespoirs! à peu près comme Dieu forma le monde, c'est-à-dire de rien.

J'étais à la fois triste et fâchée de voir M. de Sommery avoir pris un avantage sur vous, —

lui qui vous est si prodigieusement inférieur sur tous les points. — Permettez-moi, mon ami, de mettre en vous tout mon orgueil. Ce n'est que dans l'homme qu'elle aime qu'une femme peut être orgueilleuse. — En même temps, je voyais une longue séparation. — Vous étiez bien involontairement, mon pauvre ami, la cause de notre malheur, — et j'ai voulu vous contrarier un peu en évitant vos regards.

Venez ce soir, Arthur doit sortir. — Je serai seule.

XXX.

Tony Vatinel à madame de Sommery.

Me contrarier! Marie, vous ne comprenez pas l'amour que vous m'avez inspiré. — Vous ne savez pas la puissance infinie que vous exercez sur moi, — le mal que vous me faites et le bonheur que vous pouvez me donner. — Vous ne pouvez pas me *contrarier*, — vous ne pouvez rien m'inspirer de médiocre. — D'un mot, d'un regard, d'un geste, vous enlevez mon cœur au ciel, ou vous le plongez dans les profondeurs et dans les supplices de l'enfer.

— Me *contrarier!* — mais il n'y a pas de ces transitions-là pour moi. — Tout ce que vous faites, tout ce que j'attends de vous, est tellement tout pour moi, que la plus légère déception me jette dans le plus sombre désespoir.

Le jour où j'ai posé mes lèvres sur votre front, il m'a semblé que j'allais mourir.

Voir l'extrémité de votre pied, sous votre robe, c'est pour moi plus de bonheur et d'enivrements voluptueux que ne m'en pourrait donner la plus belle des autres femmes, amoureuse et toute entière abandonnée.

Je voudrais rejeter de ma vie tous les instants que je ne puis vous donner, — mais, que dis-je? je vous les donne tous, — par le bouheur ou la souffrance. — Je suis toujours occupé de vous, — je suis toujours à vous.

Si vous saviez comme je suis jaloux de me conserver à vous, — comme je me garde pour vous, — comme, malgré l'effervescence de ma jeunesse, malgré ce qui me sépare de vous, ce qui me sépare de l'amour, — je n'ai pas même une pensée infidèle.

Comme je suis plus heureux de pleurer votre absence, — de m'indigner contre le sort, — de haïr votre mari, — que je ne le serais de tout ce qui fait le bonheur des autres.

Comme j'aime même mes souffrances qui me viennent de vous.

Ah! vous avez raison, ne me plaignez pas. — Dans une de ces paroles que vous me dites quelquefois et qui me déchirent le cœur, — je trouve plus de plaisir que dans les paroles d'amour que me dirait une autre, parce que c'est votre voix.

Un coup de poignard de votre main me

donnerait encore une volupté étrange et plus réelle que le plus tendre baiser d'une autre femme.

TONY.

XXXI.

Soit que Clotilde n'eût pas dissimulé assez bien le plaisir qu'elle avait à voir sortir Arthur, soit que ce fût un simple caprice de sa part, — il était resté chez lui.

Quand Vatinel l'aperçut en entrant, il sentit par tout le corps l'impression de froid que donne la rencontre imprévue d'un serpent.

Arthur avait un air triomphant.

Tous trois séparément n'avaient pas une pensée qui pût s'exprimer autrement que par des paroles de haine. Ils restèrent silencieux. Heureusement que Clotilde, quand elle avait vu son mari rester, avait annoncé à ses gens qu'elle était chez elle. Il vint quelques personnes. Robert partait dans la nuit.

Arthur parla beaucoup; il avait une sorte d'irritation qui, donnée par la colère, mais comprimée par les usages et les convenances, s'échappe, — comme l'eau à travers les doigts qui cherchent vainement à la retenir,— en petits sarcasmes, en plaisanteries demi-mordantes, en allusions détournées. C'est un poignard dont on fait des épingles.

— Je ne sais, dit-il, pourquoi on plaint tant les maris, et pourquoi on se moque autant d'eux, quand il leur survient quelque infortune; je vous avouerai que, selon que je regarde la chose, en compassion ou en gaieté, j'ai bien plus de pitié et de moqueries, pour les amants heureux des femmes de ces pauvres maris. Un mari un peu jaloux peut, sans coups de poignard, sans poisons, sans tour de Nord, sans aucun de ces moyens de romans et de tragédies; — sans rien risquer pour sa propre peau, sans le moindre danger d'aucune sorte, infliger à l'homme qui s'avise d'être amoureux de sa femme, plus de tourments, qu'on en a jamais mis dans l'enfer chrétien, ni dans celui du paganisme. Il n'y a pas d'homme, quelque brave qu'il soit, que le pas d'un mari ne fasse trembler. Il n'y a pas d'humiliation, que ce pauvre mari ne puisse lui faire subir, pas d'insulte qu'il ne puisse lui faire endurer, pas de tortures physiques et morales, qu'il ne puisse se divertir à lui imposer; les plus petites choses mêmes peuvent être on ne saurait plus tristes pour l'amoureux ; et on ne saurait plus gaies pour le mari.

Ainsi, il n'est aucun de vous qui n'ait vu

quelquefois, dans une glace où ailleurs, la sotte figure que fait un amoureux qui croit trouver la femme seule, et auquel le mari ouvre la porte; pour moi, je ne sais rien de si ridicule et de si bouffon.

Clotilde, à ces paroles de son mari, eut besoin de toutes ses forces pour cacher son trouble. Tony sentit la fureur et la haine déborder de son cœur. Robert se hâta de prendre la parole, et dit : — Moi je sais quelque chose de plus bouffon et de plus ridicule ; c'est le soin que prend un mari pour conserver sa femme, quand la plus honnête femme du monde fait, par jour, au moins cent cinquante infidélités à son mari.

Clotilde, qui dans tout autre moment se fût contentée de sourire, se récria beaucoup; elle était embarrassée du silence qu'elle gardait.

— J'ai, dans le temps, dit Robert, commencé un livre dont je n'ai fait à vrai dire que le titre.

— Et comment est le titre, demanda Clotilde.

— Le voici, dit Robert :

Histoire des Trente-Deux Infidélités, que fait à son mari, une femme vertueuse, en allant de sa maison à l'église.

— Ne pourriez-vous nous en donner au moins le sommaire.

— Très volontiers.

XXXII.

Histoire des Trente-Deux Infidélités que fait à son mari une femme vertueuse en allant de sa maison à l'église.

En s'habillant avant de sortir, — Laure, — nous appellerons la femme vertueuse *Laure*, — si vous voulez, — à moins que quelqu'un n'ait quelque souvenir qui l'empêche d'attacher à ce nom l'idée que je lui impose.

1° En s'habillant, Laure exagère ses hanches

et sa gorge, — c'est-à-dire qu'elle cherche à exciter des désirs par une exhibition extraordinaire de ses charmes secrets. Certes, ce n'est pas au mari qu'est destinée cette perfide amorce, — puisque le mari sait parfaitement à quoi s'en tenir.

Je sais que les femmes ne placent l'infidélité que dans la dernière faveur. — Mais je ne saurais pour moi considérer comme bien pure une femme qui, en offrant de telles choses aux yeux, excite l'imagination des passants à des investigations peu respectueuses. Les femmes ne savent pas assez qu'il suffit d'un désir d'un autre pour les souiller aux yeux d'un homme bien amoureux.

2° Je pourrais compter pour une infidélité chacun des soins que prend de s'embellir une femme qui va dans un endroit où elle ne verra pas son mari qui reste à la maison.

3° En traversant un prétendu ruisseau, — Laure relève sa robe et montre à deux commissionnaires qui fument, un petit pied étroit, une cheville mince et un bas de jambe d'une extrême finesse, avec un bas blanc bien lisse et bien tiré.

4° Deux hommes passent près de Laure ; — l'un des deux la fait remarquer à l'autre. — Laure sent un vif mouvement de plaisir.

5° Laure remarque que G*** qui passe monte parfaitement à cheval.

6° En entrant à l'église — elle ôte son gant pour prendre l'eau bénite, et montre une main blanche et effilée et un charmant poignet, — qu'elle incline de façon à le faire paraître avec tous ses avantages.

7° Laure, en s'asseyant, laisse voir son pied.

8° En se mettant à genoux, — elle se penche de façon à dessiner sa taille et à donner à ses reins la cambrure la plus agréable.

9° Elle relève un peu les plis de sa robe.

10° Elle tient son livre de façon à donner de la grâce à sa main, etc., etc.

Remarquez que le n° 2 me donnerait à lui seul, si je voulais, plus que les trente-deux infidélités dont j'ai besoin.

Je sais bien que les femmes diront que cela n'a pas le sens commun ; — mais je répondrai — que tout cela a pour but d'être jolie et belle et de le paraître, et d'exciter des désirs. — Je m'en rapporte aux hommes qui ont été amoureux. — De quelles fureurs chacun de ces détails ne les a-t-il pas enflammés ?

Les Orientaux considèrent une femme comme perdue et déshonorée, si un étranger a vu son visage.

Robert et Tony sortirent ensemble ; — ils restèrent à fumer et à boire du punch chez Robert, jusqu'au moment où les chevaux vinrent le prendre.

— Tony, lui dit-il en partant, — je ne sais pourquoi — je te laisse ici — avec une sorte de crainte; — un sombre pressentiment me dit que cette femme te sera funeste ; — que de passions déjà elle a allumées dans ton sein. — Tony, dit-il en lui serrant les mains, — mon ami, — je t'en prie, — viens avec moi, — c'est un voyage de trois mois; laisse-toi guider par moi, ou seulement sois indulgent pour la faiblesse de mon esprit; j'ai peur de te laisser ici. — Viens avec moi, je t'amuserai, — je te distrairai, et nous parlerons d'elle. — Viens, mon Tony, — je te le demande au nom de notre vieille amitié.

— Robert, reprit Tony, — je suis à Marie; — l'air qu'elle ne respire pas m'étouffe. Laisse-moi suivre mon destin, — je ne partirai pas.

Robert insista, — Tony répéta les mêmes paroles.

— Au moins, dit Robert, promets-moi de m'écrire souvent, — de ne rien faire d'important sans que tu m'aies écrit et que je t'aie répondu, jure-le moi.

Tony fit la promesse que son ami lui demandait.

Robert partit, — Tony fut effrayé de ne pas sentir dans son cœur ce chagrin que cause le départ même d'un indifférent.

Avant de rentrer chez lui — il alla voir la lueur d'une veilleuse qui brûlait dans la chambre de Clotilde.

XXXIII.

Clotilde à Tony Vatinel.

— Je pars, Tony, je pars triste et malheureuse; j'emporte cependant un espoir, mais tellement vague que je n'ose vous le dire; si je réussis, vous pourrez juger de l'ardeur que j'ai mise à nous réunir. J'ai sollicité pour mon mari, sans qu'il le sache, et par des amis puissants, une sorte de mission honorifique qui l'enverrait passer trois mois en Italie. Ne trouvez-vous pas que M. de Sommery ferait un très agréable chargé d'affaires auprès d'un gouvernement... étranger?...

Soyez calme, je vous en prie, nous ne sommes pas tout à fait séparés : je prie un peu le ciel, et je l'aide beaucoup; n'est-ce pas d'ailleurs être un peu ensemble, que de souffrir chacun de notre côté de la même absence; de former les mêmes vœux, d'évoquer les mêmes souvenirs?

Ah! Tony, pourquoi suis-je mariée?..... Mais jamais je ne serai à deux hommes à la fois.

XXXIV.

A Trouville.

Arthur et Clotilde retrouvèrent, *au château de Trouville*, M. de Sommery dans la même redingote bleue, dans le même col en baleine, dans son même fauteuil, dans le même coin de la même cheminée; et madame de Sommery à l'autre coin; Baboun sur son même coussin de velours d'Utrecht vert. L'abbé Vorlèze vint le soir, il avait sa même redingote sans taille, violet foncé.

Et on fit la partie d'échecs.

Il y a de ces existences uniformes et immobiles, dont la vue, après un intervalle, produit un singulier effet. Tous les personnages de Trouville étaient tellement semblables à ce qu'ils étaient quand Clotilde avait quitté le pays, qu'il semblait que ce jour-là ne pût être qu'hier, et que tout ce qui était arrivé à Clotilde ne fût qu'un rêve fait pendant la nuit, qui avait séparé ces deux jours.

Clotilde cependant s'aperçut tristement bientôt, qu'il n'y avait pas eu de rêve, à la manière dont elle fut reçue dans la maison.

On lui faisait volontiers une part abondante dans les cœurs, une place large au foyer, quand on les lui donnait; mais aujourd'hui qu'elle revenait prendre, en conquérant, ce qu'on lui donnait autrefois, on opposait à son envahissement une force d'inertie, puissance invincible des vieillards et des femmes.

C'était aux longues sollicitations d'Arthur, et à sa menace de ne plus venir à Trouville, que M. de Sommery avait cédé, quand il avait consenti à revoir Clotilde ; mais on la traitait dans la maison comme une étrangère; on avait des égards pour son titre d'épouse d'Arthur de Sommery; mais on ne montrait aucune affection pour sa personne.

M. de Sommery avait dit : Si je consens à paraître oublier le passé, il faut que je l'oublie tout à fait. Le souvenir de l'affection que nous avons portée à mademoiselle Belfast, amènerait toujours avec lui le souvenir de son ingratitude et de ses menées ambitieuses.

Ce ne fut qu'après une longue discussion qu'il consentit à ne pas l'appeler mademoiselle Belfast; il fut décidé qu'on la désignerait par le nom de madame Arthur, ce qui n'aurait l'air d'être fait que pour ne pas la confondre avec madame de Sommery la mère.

Madame de Sommery eut de bon cœur embrassé sa bru, mais elle n'osait en rien sortir des prescriptions de son mari ; elle avait cependant beaucoup de peine à ne pas l'appeler «Clotilde» comme autrefois ; quoiqu'elle lui sût fort mauvais gré de ne pas lui donner un petit-fils.

XXXV.

Les gens qui font profession d'impiété, négligent une observation assez facile à faire cependant, et que je considère comme étant parfaitement sans réplique.

Ils se font, contre la religion, une autre religion qui a ses pratiques, ses cérémonies et ses austérités ; une autre religion beaucoup plus difficile à suivre que la première, parce que, à cette religion, dite impiété, on n'apporte aucune infraction, tandis qu'on est loin d'être aussi rigoureux pour l'autre.

Ainsi, madame de Sommery eût été bien moins fâchée de faire par hasard un dîner gras un vendredi, que M. de Sommery de le faire maigre. En cela, la religion de M. de Sommery était comme je le disais, plus difficile à suivre et lui imposait des privations. Dans les petits pays comme Trouville, et surtout dans les pays abondamment pourvus de poissons, les bouchers ne tuent qu'une fois par semaine, *le samedi*. La viande se mange jusqu'au mardi ou au jeudi, suivant la saison. Ce qui en reste le vendredi, est précisément la moins fraîche qui se puisse manger.

Pour faire maigre le vendredi, madame de Sommery n'avait qu'à laisser faire; il n'y avait, à Trouville, que de mauvaise viande ; le marché, c'est-à-dire, le bord de la *Touque*, était couvert d'excellents poissons, et de légumes. M. de Sommery avait besoin chaque vendredi de s'occuper de son dîner.

Nous avons expliqué, au commencement de cette histoire, pourquoi M. de Sommery, non-seulement laissait toute liberté de conscience à sa femme, mais encore eût trouvé mauvais qu'elle ne suivît pas exactement les pratiques de la religion romaine. Cette impiété extérieure est un lustre qu'on se veut donner, lustre qui n'est éclatant que par le contraste ; il faut avoir l'air de braver les choses les plus sérieuses et les plus formidables. Où est le mérite si les femmes, les enfants et les servantes en font autant? Du reste, plus madame de Sommery attachait de prix à ces pratiques religieuses, plus elle en redoutait l'inobservation, plus elle ressentait une sorte de respect pour son mari qui savait se mettre au-dessus de ces craintes et de ces scrupules. Quoique souvent, le dimanche, — pendant la messe, par exemple, — elle gémît de l'impiété de M. de Sommery ; le reste de la semaine, elle en était un peu orgueilleuse. Madame de Sommery n'avait pas d'esprit, et ne possédait que peu d'intelligence ; elle n'avait que les instincts de la femme. Et quand la femme obéit à ses instincts, ce qu'elle aime le plus dans l'homme, c'est la force et l'audace.

M. Vorlèze était trop bon homme, et d'ailleurs avait trop de savoir vivre inné, pour porter à la table où on l'invitait, la régidité loquace d'un prédicateur; il avait à ce sujet une sévère réserve dont il ne se départait jamais que dans les grandes occasions.

Quand M. de Sommery était en gaieté, il s'efforçait un jour de jeûne, en avançant une pendule, de faire déjeuner M. Vorlèze sept ou huit minutes avant midi. — Puis, il amenait la conversation sur le jeûne ; — il en faisait longuement déduire à l'abbé les vertus et la nécessité ; — et quand l'abbé avait fini, il lui disait : Eh ! bien, M. Vorlèze, vous n'avez pas plus jeûné que moi. Nous nous sommes mis à table à midi moins un quart. Madame de Sommery, qui s'est doutée que la pendule avançait, a fait changer les assiettes, a demandé plusieurs choses inutiles, etc. Mais, malgré ses fraudes pieuses, vous n'en avez pas moins mâché et avalé votre première bouchée à midi moins quatre minutes.

Et M. de Sommery, triomphant, pendant tout le reste du déjeuner, appelait l'abbé hérésiarque, impie et païen.

M. Vorlèze, qui était tombé deux fois dans le même piége, n'avait rien dit; mais il avait le soin, ces jours-là, d'avoir sa montre avec lui.

Un jeudi, M. de Sommery fit faire un pâté de poisson, que l'on devait manger le lendemain vendredi. Seulement, pour relever le goût du poisson, il y avait fait mêler un hachis de viande.

— Je n'en mangerai pas, avait dit madame de Sommery.

— Mais M. le curé en mangera, avait dit le colonel.

— Il reconnaîtra bien le hachis de viande d'Arthur.

M. de Sommery réfléchit la moitié de la journée, et dit :

— M. le curé en mangera et ne reconnaîtra pas le hachis de viande.

Il descendit lui-même à la cuisine, et donna des ordres secrets.

Le lendemain, on proposa du pâté à l'abbé.

— L'abbé, du pâté de poisson?

— Je n'en mangerai pas, interrompit madame de Sommery, qui voyait avec peine le danger que courait M. Vorlèze.

L'abbé la regarda d'un œil interrogatif. — Mais elle sentait que M. de Sommery la regardait également; — elle baissa les yeux, et se contenta de réciter tout bas une phrase du *Pater*:

Ne nos inducas in tentationem.

L'abbé prit le pâté avec défiance, — le regarda, — le retourna, — examina surtout le hachis.

— Qu'est-ceci? demanda M. Vorlèze.

— Parbleu, reprit M. de Sommery, c'est du hachis.

— Mais, de quoi?

— De quoi?

— Oui, — je demande de quoi est fait ce hachis?

— De poisson, parbleu.

— Ah! de poisson, dit l'abbé, — et il le coupa lentement et encore indécis avec sa fourchette.

Le hachis était rempli d'arêtes que M. de Sommery y avait fait mêler.

— Ah! ah! fit l'abbé.

— Qu'est-ce que vous avez, l'abbé? dit M. de Sommery.

— Rien.

—Si fait bien, vous venez de faire entendre une exclamation de surprise.

—Ah! c'est que... je vous avouerai que je... que je me défiais de ce pâté et surtout de ce hachis...—Mais j'ai découvert que c'est de vrai et bon poisson et qui a des arêtes autant qu'un honnête poisson peut se le permettre.

—Comment le trouvez-vous?

—Excellent.

—N'est-ce pas?

—Oui, il a une saveur!

— Vous n'aviez donc pas de confiance en moi, l'abbé?

— Franchement non; vous m'avez déjà rendu victime de plusieurs enfantillages de ce genre.

—Quel excellent poisson!

—Excellent,—seulement il a trop d'arêtes.

Ici tout le monde sourit.

—Qu'avez-vous à rire?

—Rien, c'est que vous devenez plus sévère

pour ce poisson à mesure qu'il y en a moins sur votre assiette. — Vous commencez à lui trouver un défaut.

— C'est que réellement il a considérablement d'arêtes.

— Les poissons sont forcés d'avoir des arêtes. Voudriez-vous que celui-ci eût des os? Mais prenez-en donc encore?

— Je le veux bien. Voyez un peu le grand malheur de faire maigre le vendredi. Il est clair que ce poisson-là vaut mieux que les côtelettes que vous mangiez tout à l'heure avec emphase.

— Ah! mon cher ami, c'est qu'on ne trouve pas tous les jours du poisson comme celui-là.

— Je ne sais si j'avais plus faim que de coutume, mais je lui trouve une saveur toute particulière.

— J'espère, l'abbé, que vous viendrez demain finir le pâté avec nous à déjeuner; mais voyons, l'abbé, pensez-vous réellement que nous ayons fait beaucoup de chagrin à Dieu, en mangeant aujourd'hui quelques côtelettes, et vous croyez-vous un grand saint, pour avoir mangé du pâté de poisson avec plus de sensualité, vous ne pourrez le nier, que nous n'avons mangé nos côtelettes.

— Je n'examine jamais ces choses-là, dit l'abbé; j'aurais des doutes, que je n'ai pas; dans le doute, je me conformerais à la règle.

Le soir, l'abbé Vorlèze perdit constamment aux échecs.

— C'est singulier, dit-il, j'ai un malheur obstiné aujourd'hui.

— L'abbé, la main de Dieu s'est retirée de vous.

— Quatre parties de suite.

— C'est une fin terrible et due à vos forfaits.

— Je demande une dernière partie.

— Je le veux bien, mais vous la perdrez comme les autres.

— Nous allons voir.

— *Dentes inimici in ore perfringam ;* Dieu brisera vos dents dans votre mâchoire !

— Voyons, jouez, colonel.

— Un homme qui s'est gorgé de viandes un vendredi.

— Jouez donc.

— Oui, l'abbé, vous avez mangé du hachis de viande dans le pâté.

— N'ayant pas pu me faire faire la faute, vous voulez me faire croire que je l'ai commise ; je vous avertis d'avance que cela n'aura pas le moindre succès.

— Je vous jure, l'abbé, que ce que vous avez mangé, et à trois reprises, ce n'est pas pour vous le reprocher, n'est autre chose que du hachis de viande.

— Ceci serait bon si je n'avais pas vu les arêtes, colonel.

— Si vous venez dîner demain, l'abbé, je vous ferai manger un gigot aux arêtes.

— Comment, il serait vrai...

— Que je vous ai servi un petit plat de ma façon, que j'ai fait mettre des arêtes dans le hachis; et vous avez vu qu'on ne les avait pas ménagées.

— En effet, ce poisson avait un goût singulier.

— N'est-ce pas, l'abbé.

— Ma foi, M. de Sommery, je vous déclare que je ne charge pas ma conscience de ce péché-là; et que vous voudrez bien le joindre aux vôtres, qui sont hélas assez nombreux sans cela.

Et l'abbé sortit un peu fâché, en serrant les mains de madame de Sommery, qui avait poussé le courage jusqu'à l'audace, pour lui donner un avertissement qu'il n'avait pas assez écouté. Ce qui faisait qu'au fond du cœur, il ne se croyait pas tout à fait aussi innocent qu'il venait de le dire à M. de Sommery.

XXXVI.

A Jules Janin.

— Je te vois rire d'ici, mon cher Jules, en lisant ce chapitre ; toi qui m'as fait manger du veau que je prétendais avoir en horreur, sous divers noms, pendant tout un dîner.

O Janin, toi qui à la campagne, tu sais, là où notre ami a tant de si beaux rosiers, toi qui as mangé un écureuil pour du saumon.

XXXVII.

Tony Vatinel à Robert Dimeux de Fousseron.

Tu m'adresseras tes lettres à Honfleur, mon cher Robert. — C'est là que je vais rester probablement toute la saison. Je suis là bien plus près d'elle ; — et puis, s'il arrivait que quelque circonstance me permît d'aller la joindre, c'est un trajet de quelques heures. — D'ailleurs cela me procure une foule de petits bonheurs. Avant-hier, le vent soufflait de l'ouest et je contemplais avec ravissement les nuages qui avaient passé sur sa tête avant d'arriver à Honfleur. Quoique je ne puisse guère aller à Trouville, — c'est son avis du moins, — rien ne m'empêche de suivre la route qui y conduit.

Hier j'ai eu une journée délicieuse. Je suis parti le matin de bonne heure. La nuit, le matin et le soir appartiennent au poëte, à la pensée, à l'amour; le reste du jour est pour le travail. J'ai pris tout le long de la falaise; — chaque brin d'herbe avait sur sa pointe une transparente perle de rosée, — les unes blanches, les autres rouges comme des rubis, — d'autres vertes comme des émeraudes, — puis à chaque instant l'émeraude devient un rubis, le rubis devient émeraude ou saphir. — C'est une riche parure qui tombe tous les matins du ciel qui la prête à la terre pour une demi-heure, et que le soleil remporte au ciel sur ses preniers rayons. Il y avait de loin en loin, sur le bord de la mer, des buissons d'ajoncs chargés de fleurs jaunes. Quand on regarde la mer par-dessus cette petite haie verte et jaune, elle paraît du bleu le plus pur. Des bergeronnettes marchaient dans l'herbe, secouant fièrement leur petite tête grise. — Sur la plus haute branche d'une haie d'aubépine, une fauvette jetait aux vents quelques notes d'une joyeuse mélancolie ; — les plumes qui forment son petit chaperon noir se dressaient sur sa tête, et on voyait sa voix rouler dans son gosier frémissant. — Je me suis arrêté pour ne pas effaroucher la fauvette avant qu'elle eût fini sa chanson.

Plus loin, c'était une cabane de douanier, — une hutte creusée dans la terre entre des bouleaux ; — les branches des bouleaux étaient enlacées toutes vivantes pour former le toit, et les intervalles des branches étaient remplis par de la terre délayée. Le douanier, à l'affût avec son fusil, essayait de tuer quelques goëlands. Il n'avait pas de tabac; je lui en donnai un peu, et il me donna du feu pour allumer mon cigare.

J'entrai alors dans une grande prairie; l'herbe était haute, presque jusqu'à la ceinture. C'était comme un immense schall de l'Orient, à fond vert, brodé de fleurs de toutes couleurs; c'était un beau cachemire vivant. Il y avait de grandes marguerites blanches, et des boutons d'or, et du sainfoin aux épis roses, et des scabieuses sauvages d'un lilas pâle qui sentent le miel; on voyait commencer à fleurir quelques sauges à épis d'un bleu foncé; et dans quelques places où l'herbe était basse, de petites campanules d'un bleu pâle, dont les bourgeois mangent les racines en salade sous le nom de *raiponces*.

D'espace en espace, presque entièrement caché dans l'herbe, un gros bœuf roux était couché, les jambes de devant étendues, et les autres ployées sous lui; il me regardait fixement sans cesser d'agiter transversalement ses mâchoires avec un bruit sourd et mesuré.

Je faisais un détour en m'enfonçant dans les terres, pour éviter les deux ou trois petits hameaux qui entourent les postes de douane de Honfleur à Trouville.

J'eus bientôt une vive émotion en rencontrant une touffe de phlox, qui n'est pas encore en fleurs, mais il me rappelait Trouville, dont la plage en est couverte. Je m'arrêtai au dernier de ces hameaux qu'on appelle Vierville, et j'y fis un repas avec du pain de seigle, des maquereaux frais, et du gros cidre. Il était quatre heures, j'avais mis dix heures à faire quatre lieues, tant j'avais joui de toutes les magnificences de la nature. Combien de demi-heures j'avais passées assis ou couché dans l'herbe, à ruminer ma vie et mes souvenirs, comme les gros bœufs tachetés ruminaient la luzerne fleurie.

A la nuit, je marchai jusqu'à la *niche de la*

Vierge; je m'y assis et j'y restai longtemps. Par-dessus les buissons et par-dessous les arbres, à travers des fenêtres de verdure, on voyait la mer toute bleue et l'horizon empourpré par le soleil couchant.

J'aspirais l'air, avec une volupté inouïe : il y avait de son haleine dans cet air; je ne me remis en route que très avant dans la nuit; quand je rentrai à Honfleur il faisait presque jour; j'ai dormi quelques heures, et je t'écris.

Tony.

XXXVIII.

Tony Vatinel à Robert Dimeux.

Je suis retourné à Trouville. Comme l'autre jour, je me suis arrêté sous *la niche de la Vierge,* et j'ai regardé se coucher le soleil à travers les fenêtres vertes formées par les haies et les arbres.

A l'horizon, à l'endroit où venait de disparaître le soleil, il y avait une place sans nuages, c'était un petit lac de feu ; au-dessus s'étendaient de longues bandes de nuages noirs et de nuages gris ; mais les noirs étaient couverts d'une sorte de vapeur ou de fumée violette ; sur les gris, cette vapeur était amaranthe ; plus loin, au-dessus des nuages, la couleur de feu se dégradait et passait de l'orange à des tons gris jaunes et presque verdâtres.

Les arbres et les haies étaient devenus noirs, et à travers les ogives qu'ils formaient, je vis passer un berger avec ses chiens et ses moutons ; ils marchaient sur une partie de falaise qui est entre les arbres et la mer ; cette partie est assez étendue pour que je pusse les voir tout entiers ; le berger, les chiens et les moutons, semblaient des silhouettes noires sur le ciel enflammé.

La nuit vint ; j'attendis encore, et quand je pensai que tout le monde dormait dans Trouville, j'y descendis et j'allai devant le château ;

j'ignorais quelle était la chambre de Marie; deux pièces étaient éclairées encore; je m'en retournai, et je lui écrivis le lendemain. Maintenant je sais bien où est sa chambre, je vais plier ta lettre et me remettre en route.

Te rappelles-tu, près de la niche de la Vierge, à un carrefour, une boîte aux lettres est attachée à un gros arbre; c'est là que je mettrai ta lettre.

Tony.

XXXIX.

Tony Vatinel à Robert Dimeux.

On ne saurait croire ce qu'on se donne de peine pour se procurer des chagrins qui ne manqueraient guère de venir d'eux-mêmes, et qu'on ne court pas grand risque de perdre. Je suis retourné à *Trouville*, et, grâces aux indications que m'a données Marie, j'ai parfaitement trouvé sa fenêtre. Ses jalousies à travers lesquelles brillaient des bougies, me semblaient rayées transversalement de lumière et d'ombre. Et parfois la lumière interrompue, me faisait voir que quelqu'un marchait entre les bougies et la croisée : on n'était pas couché. Je m'assis sur une pierre, et la tête dans mes deux mains, les coudes sur mes genoux, je restai les yeux fixés sur cette chambre, où Clotilde était avec son mari ; là, si près de moi, tout ce que je hais et tout ce que j'aime dans le monde. Il vint un moment, où on ne passa plus devant la lumière, qui finit par s'éteindre. Oh ! Robert, je n'essaierai pas de te peindre les alternatives de fureur et de désespoir qui me déchiraient l'âme ; *on* était couché, *on*, c'est-à-dire elle et lui. *Elle* dans ses bras, *elle* dans ce lit avec lui, *elle* avec ce dernier vêtement si mince, *elle*... Oh alors, je les haïssais tous deux, et tous deux autant l'un que l'autre. Si tu savais ce que l'imagination présente de tableaux affreux;

comme l'on voudrait voir dans cette chambre, y entrer, y être, et comme alors l'idée des plus douces extases de l'amour, ne présente rien de comparable à la volupté de les tuer tous les deux; mais de les tuer avec les mains, sans aucune de ces armes, qui séparent en toute leur longueur le meurtrier de son ennemi, et de la sensation physique de la vengeance.

Tony.

XL.

Tony Vatinel à Clotilde de Sommery.

Que faisons-nous, Marie, de notre vie et de de notre jeunesse? l'amour avec ses puissants instincts, doit-il être toujours sacrifié aux lois et aux exigences du monde?

Et de ce monde, pour lequel on perd son existence entière, de ce monde si rigide, quel est celui qui fait ce qu'il exige des autres?

Ne semble-t-il pas que des gens habiles n'ont imposé tant de privations aux gens crédules que pour se réserver à eux, par l'abstinence de ceux-ci, une plus grande part de ces bonheurs qu'ils défendent aux autres et qu'ils appellent crimes; à peu près comme les parents avares persuadent aux enfants que les friandises qu'ils aiment sont un poison qui leur ôtera la vie.

Et encore, si, par un noble effort, on arrivait à pratiquer sévèrement et intégralement ces devoirs que la société impose, j'admirerais le sacrifice dans ses résultats.

Si la vertu conservait une femme intacte à son mari, si la vertu pouvait chasser du cœur toutes les pensées adultères, je la comprendrais encore.

Mais la lutte perpétuelle, lutte qui n'amène jamais que des résultats négatifs; n'est-elle pas aussi coupable que le crime.

Pour ne pas être à son amant, croyez-vous qu'une femme soit à son mari?

Elle garde, il est vrai, son corps pour un seul, mais elle donne sans scrupule son âme et son cœur à un autre.

Et elle ne place le crime que dans l'adultère du corps.

Le corps est-il donc tellement au-dessus de l'âme ?

Et la vertu n'a-t-elle d'autre effet que de rendre une femme coupable envers deux hommes à la fois ; de faire de l'amour un supplice, et du mariage une prostitution ?

Croyez-vous donc que vous ne le trompez pas, cet homme auquel vous vous livrez sans amour et avec dégoût ? Tout ce que vous ôtez à votre bonheur, et au mien, les combats, les sacrifices réussissent-ils à l'ajouter au bonheur d'un autre ?

Cette nuit, j'ai rêvé, que nous nous étions enfuis, que nous étions allés cacher dans le fond d'un désert, notre amour et notre félicité ; nous avions brisé tous les obstacles; nous avions sacrifié les conventions et les lois qui viennent des hommes, à l'amour qui vient de Dieu; et vous étiez à moi, sans autre regret que de n'avoir pas plus à me donner encore que vous-même toute entière.

Je me suis réveillé plein de douloureuses pensées :

Il n'est rien de plus triste qu'un songe heureux.

Puis j'ai repassé, dans mon esprit, tous ces endroits que j'ai vus dans mes voyages, tous ces nids où j'ai tant désiré cacher, vous et mon amour et ma vie.

J'ai rappelé tous ces projets que je vous ai dits quelquefois, et que vous traitiez de folies.

Ah! Marie, peut-être le saurons-nous plus tard, et aussi trop tard : la folie est de n'en faire que des projets.

TONY.

XLI.

Madame Alida Meunier, née de Sommery, à M. le colonel de Sommery.

Par quelle fatalité, mon cher père, cette petite Clotilde, ce serpent que vous avez réchauffé dans votre sein, s'est-il ainsi introduit dans notre famille?

Je viens de voir Arthur; — il a passé par ici, et est resté vingt-quatre heures à Paris avant de se mettre en route pour l'Italie. Il n'est pas heureux, — il regrette amèrement l'étourderie qui lui a fait faire ce ridicule mariage. Certes, mon pauvre frère, avec son nom, sa figure, son esprit et sa fortune, pouvait prétendre aux plus brillants partis.

Je ne pense qu'à ce pauvre Arthur; j'ai consulté ici des hommes d'affaires habiles; — ils m'ont dit qu'un mariage contracté en Angleterre entre des Français, sans publication de bans en France, était nul *et de toute nullité*. Que si on pouvait obtenir d'Arthur un moment d'énergie, il n'y aurait rien de si facile que de le faire casser. J'en ai parlé à Arthur; il en a bien envie, mais il n'ose ni le faire ni l'avouer.

Ne pourrait-on bien persuader à mademoiselle Belfast que jamais elle ne sera admise dans la famille sérieusement, et l'amener par l'ennui et de petits désagréments (elle qui ne nous en a épargné d'aucuns genres) à donner les mains à cette séparation.

Nous pourrons bientôt, mon cher père, parler librement de tout cela.

M. Meunier passera l'été à Paris pour ses affaires; moi, je partirai dans trois jours pour aller vous demander l'hospitalité à Trouville.

Alida Meunier (née de Sommery).

XLII.

La lettre d'Alida tomba dans les mains de Clotilde. Ah! dit-elle, ce qu'on veut exiger d'Arthur, c'est un courage de lâche, — il l'aura.

Puis, elle pensa qu'elle avait trois mois encore avant le retour de son mari ; — qu'elle ne céderait pas à cette conjuration formée contre elle. Que cette lettre et les projets qu'elle trahissait étaient quelque chose dont elle devait se réjouir, puisque cela justifiait à ses propres yeux toute l'ardeur de vengeance qu'elle avait conçue depuis la nuit du bal de l'Opéra.

Elle continua à ne manifester que de bons sentiments pour Arthur, et la plus grande déférence pour M. de Sommery. Quand Alida arriva à Trouville, Clotilde lui fit un excellent accueil. Alida ne pouvait pas toujours s'empêcher d'avoir un peu de fierté avec Clotilde, qui, elle l'espérait bien, ne tarderait pas, par la cassation de son mariage, à n'avoir été qu'une concubine et une fille entretenue. Et sauf le ton sévère et froid que gardait M. de Sommery à l'égard de Clotilde, on aurait pu se croire à l'époque qui avait précédé le funeste mariage. L'abbé Vorlèze venait tous les soirs faire sa partie d'échecs. — Madame de Sommery était assise de la même manière dans son même fauteuil, et jouait au loto avec Clotilde et Alida. — On pouvait remarquer cependant que le caractère de Baboun s'aigrissait de plus en plus.

On peut appliquer aux chiens ce qu'un écrivain a dit des hommes : « *Homines, ut merum, annis acres vel meliores.* »

XLIII.

Clotilde de Sommery à Tony Vatinel.

Avant tout, mon cher ami, il faut que je vous recommande de ne plus vous servir, en guise de poudre, pour vos lettres, de cet affreux sable rose ; cela a pour moi de graves inconvénients.

Il y a eu hier à dîner, à la maison, quelques voisins de campagne; j'étais habillée, à peu de chose près, quand on m'a remis votre lettre. Je l'ai trouvée si douce, si ravissante de grâce et d'amour, que, ne pouvant la lire qu'une fois, je n'ai pas voulu m'en séparer.

Je l'ai mise précipitamment dans mon sein, et je suis descendue.

Je n'ai pas tardé à sentir d'affreuses démangeaisons, puis des piqûres, — et enfin un supplice qui m'a donné une idée parfaitement complète de ce que devaient éprouver les martyrs que l'on écorchait vifs.

Il m'a fallu supporter cela sans rien dire, tout le temps qu'a duré le dîner, et vous savez combien de temps dure un dîner en province. Enfin je suis montée à mon appartement, et j'ai trouvé dans votre lettre encore quelques grains de ce sable.

— On n'a pas, mon cher ami, la peau aussi dure que vos pêcheuses *d'équilles*. Je suis très petite, et je vous prie de croire que la nature ne m'a pas construite avec plus de négligence qu'une autre.

Je ne suis pas simplement comme on pourrait le croire *un peu moins de femme qu'une autre;* tout en moi a plus de délicatesse ; — mes cheveux sont plus fins, et ma peau plus mince; sans cela, ma petite taille serait une difformité.

Or, chacun des grains de sable de votre lettre a fait sa blessure; j'ai la poitrine entièrement tatouée.

Heureusement qu'il n'y a ici personne qui ait le droit de s'en apercevoir. — Et voici la seconde chose que j'ai à vous faire savoir ; — vous vous expliquerez, par la crainte que j'ai de toute douleur, la préoccupation qui m'a empêché de commencer par celle-ci.

M. Arthur de Sommery est parti il y a deux jours. Il ne reviendra pas avant trois mois d'ici.

Je ne sais s'il faut que vous veniez à Trouville, chez votre père, ou si nous ne pourrions pas trouver un autre moyen de nous voir. Il ne faut pas penser ici à ces soirées que nous savions nous faire à Paris, et si l'on vous sait à Trouville, nous serons fort observés. — Berthe au grand pied, — ma médiocrement belle-sœur, est arrivée ici. C'est une ennemie vigilante.

Venez cette nuit à Trouville, — mais n'entrez dans le pays qu'à onze heures. Soyez au bas de mes fenêtres.

Clotilde.

XLIV.

Tony Vatinel fut incroyablement ému de cette lettre. Ces mentions de *sa peau*, que faisait Clotilde, ces détails qu'elle donnait sur elle-même, excitaient en lui des transports, qu'une phrase ne tardait pas à changer en transport de haine ; c'était celle où elle se félicitait qu'Arthur fût absent, et où elle faisait plus qu'une allusion à ses droits de mari.

Enfin, il n'était pas là, il allait la voir, lui parler, respirer son haleine, et il pensait encore à cette peau si fine, égratignée par le sable rose.

A onze heures, il était sous la fenêtre de Clotilde; elle lui jeta la clef du jardin, où elle alla l'attendre.

Oh! qui pourrait peindre le ravissement de Tony, quand elle lui tendit la main! C'était une émotion tellement céleste, qu'il serra cette main sur son cœur, sans songer à la presser sur ses lèvres.

C'était une belle et douce nuit; tous deux s'assirent sous une tonnelle de chèvre-feuille; à travers les mailles fleuries de la tonnelle, on voyait scintiller quelques étoiles.

Par la porte en arceau, on sentait plus qu'on ne voyait un horizon vague et profond; mais bientôt, à l'extrémité de cet horizon, une lueur blanche monta et frangea d'argent de gros nuages noirs enroulés, et comme flottant sur la mer. On vit alors un beau et solennel tableau, à travers le cadre de feuilles et de fleurs que faisait la porte de la tonnelle, noires tout à l'heure, mais maintenant reprenant, sous cette molle clarté, un pâle souvenir de leurs couleurs du jour.

Des nuages noirs sortit une ligne mince d'un feu rouge comme celui d'une fournaise, puis cette ligne étroite devint le sommet du disque de la lune, large à l'horizon dix fois comme elle l'est au zénith ; et elle monta lentement, sortant des nuées comme d'un océan noir.

Tout se taisait. Il n'y avait pas un chant d'oiseau, pas un murmure de feuillage.

Mais bientôt on entendit les premiers accents d'un rossignol, ces trois sons graves et pleins sur la même note, par lesquels il commence toujours son hymne à la nuit et à l'amour.

LE ROSSIGNOL.

La lune monte au ciel en silence. Le travail,

l'ambition, la fortune sont endormis ; ne les réveillons pas : ils ont pris tout le jour, mais la nuit est à nous.

Beaux acacias dont les panaches verts s'étendent sur nos têtes, secouez vos grappes de fleurs blanches, arrosez la terre de vos douces odeurs !

Brunes violettes, roses éclatantes, le parfum que vous ne dépensiez le jour qu'avec avarice, exhalez-le de vos corolles, comme les âmes exhalent leur parfum qui est l'amour !

La lune ne donne qu'une lumière si pâle, que l'amant ne sait la rougeur de l'amante qu'en sentant sa joue brûler la sienne.

Les lucioles brillent dans l'herbe ; il semble voir des amours d'étoiles tombées du ciel.

Au milieu de cette fête si belle que donne aux amants une nuit d'été, entendez-vous là-bas, à longs intervalles, la triste voix de la chouette ?

Je ne veux pas mêler ma voix à la sienne.

LA CHOUETTE.

Il n'y a dans l'année que quelques nuits comme celle-ci.

Il n'y a que quelques étés dans la jeunesse.

Et il n'y a qu'un amour dans le cœur.

Tout est envieux de l'amour et le ciel lui-même, car il n'a pas de félicité égale à donner à ses élus.

Le malheur veille et cherche : cachez votre bonheur, soyez heureux tout bas.

Tout bonheur se compose de deux sensations tristes : le souvenir de la privation dans le passé, et la crainte de perdre dans l'avenir.

LE ROSSIGNOL.

Beaux acacias dont les panaches verts s'étendent sur nos têtes, secouez vos grappes de fleurs blanches, arrosez la terre de vos douces odeurs !

Chèvre-feuilles, vigne folle, jasmins, cachez, sous vos enlacements plus serrés, les amants qui vous ont demandé asile.

Faites-leur des nids de fleurs et de parfums.

LA CHOUETTE.

Le malheur veille et cherche; cachez votre bonheur, soyez heureux tout bas.

Soyez heureux bien vite; car toi, la belle fille, bientôt le duvet de pêche de tes joues sera remplacé par des rides.

Et toi, l'amoureux, tes yeux auront perdu leur éclat.

LE ROSSIGNOL.

Qu'est-ce que le passé? Qu'est-ce que l'avenir? Les rudes épreuves de la vie ne paient pas trop cher une heure d'amour.

Mille ans de supplices pour un baiser.

LA CHOUETTE.

Cette existence qui déborde de vos âmes, vous en deviendrez avares.

Et vous la cacherez dans votre cœur, comme si vous enfouissiez de l'or.

Vos mains sèches se toucheront, sans faire tressaillir votre cœur, et vous ne vous rappellerez cette nuit d'aujourd'hui, que comme une folie, une imprudence, et vous frémirez de l'idée que vous auriez pu vous enrhumer.

Puis, vous mourrez.

LE ROSSIGNOL.

Oui, nous mourrons. Mais la mort n'est qu'une transformation.

Nous ressortirons de la terre, fécondée par nos corps, roses et tubéreuses, et nous exhalerons nos parfums toujours dans de belles nuits comme celle-ci.

Et nos parfums, ce sera encore de l'amour.

Et toi, Chouette, n'es-tu pas aussi amoureuse, dans les ruines et dans les tombeaux?

Mais la lune descend, je cesse de chanter; car moi aussi j'ai des baisers à donner.

Beaux acacias dont les panaches verts s'étendent sur nos têtes, secouez vos grappes de fleurs blanches, arrosez la terre de vos douces odeurs!

Clotilde et Tony, assis sous la tonnelle, respiraient le parfum et le chant du rossignol et les molles clartés de la lune. — Leurs mains se touchaient par les paumes et se serraient. Il n'y avait rien d'humain dans l'extase où étaient leurs cœurs. — La tête de Clotilde tomba sur l'épaule de Tony. — Tony prit ses beaux cheveux blonds et les pressa sur ses lèvres.

Tout à coup Clotilde se leva, — et lui dit : Oh! mon Dieu, — il va faire bientôt jour, — revenez demain à la même heure.

Et elle disparut.

XLV.

Le lendemain, il y avait grande rumeur dans Trouville.

Le garde champêtre demanda à parler au colonel.

— M. de Sommery, dit-il, le maire Vatinel vient de me dire que je n'étais plus garde champêtre.

—Eh! pourquoi cela, Moïse? demanda Sommery.

—Parce que, répondit Moïse, il m'avait donné des ordres et que j'ai fait tout juste le contraire.

—Ah! ah!

—Il m'avait dit de faire un procès-verbal contre vous.

—Et pourquoi cela donc?

—Parce que votre jardinier a tué les pigeons du voisin Remy.

—C'est moi qui ai ordonné à Antoine de tuer les pigeons.

—C'est justement pour cela que Vatinel le maire m'a ordonné de faire un procès-verbal. Et moi, je ne l'ai pas fait. — Et voilà que je ne suis plus garde champêtre.

—J'irai voir le maire, — et j'arrangerai ton affaire.

M. de Sommery alla, en effet, voir Vatinel le maire; mais il ne put rien en obtenir. Il rentra chez lui extrêmement irrité. Et quand l'abbé Vorlèze arriva, M. de Sommery lui raconta le fait.

— Mais, dit l'abbé, il paraît que voilà plusieurs fois que Moïse désobéit à Vatinel.

— Moïse, reprit M. de Sommery, ne doit pas une obéissance passive à Vatinel; en fait de droits et de liberté, il faut prendre garde de croire que les droits et la liberté des petits sont peu de chose.

— Je suis bien de votre avis, dit M. Vorlèze.

— Eh! bien, continua M. de Sommery, Moïse est un fonctionnaire public aussi bien que Vatinel, et, selon les principes constitutionnels, — un fonctionnaire reste citoyen et n'abdique pas sa conscience et ses opinions. Le règne de ces principes a consacré *l'indépendance des fonctionnaires.*

— Comme *l'intelligence des baïonnettes*, dit l'abbé.

—Certainement, répliqua M. de Sommery ; les soldats ne sont plus des machines stupides sans volonté, sans pensée, sans conscience de ce qu'ils font.

—Eh! bien, dit l'abbé, je me trompe peut-être, mais il me semble que les principes constitutionnels ont consacré là les deux plus grosses sottises que j'aie jamais entendues.

—Oui dà, dit M. de Sommery.

—Oui, certes, répondit l'abbé, si Vatinel le maire croit donner un ordre utile, il doit exiger que Moïse, son subordonné, le remplisse scrupuleusement. Agir autrement, ce serait une prévarication et une trahison. Je ne comprends pas une machine dans laquelle on permettrait à un des rouages de tourner à contre-sens.

—Alors, dit M. de Sommery, nous en revenons aux temps de la féodalité et du bon plaisir.

—Aimeriez-vous mieux, dit l'abbé, que Vatinel le maire eût dit à Moïse : Moïse, mon bon ami, je me reconnais une si grande buse, un être si mal intentionné contre les intérêts de la commune, que je ne saurais trop te féliciter de l'énergie et de la sainte obstination avec laquelle tu contrecarres tout ce que je veux faire. Tu me permettras bien d'élever tes appointements, etc., etc.

M. de Sommery fut très piqué de cette plaisanterie de l'abbé.— Et quand celui-ci apporta sa chaise pour jouer aux échecs, le colonel lui dit sèchement qu'il ne jouerait pas.

Le lendemain, même mauvaise humeur; le surlendemain, également. L'abbé cessa de venir,—et M. de Sommery consacra pendant quelque temps les heures auxquelles il jouait aux échecs avec l'abbé à déclamer contre l'église et le pouvoir. Mais bientôt il s'ennuya. — On risqua une démarche auprès de l'abbé. L'abbé répondit qu'il était fâché; — qu'il n'était pas assez certain de ne pas montrer un peu d'aigreur contre M. de Sommery pour ne pas en éviter l'occasion ; — qu'il croyait devoir attendre encore un peu, — et qu'il reviendrait quand son esprit aurait repris tout le calme qu'il n'aurait jamais dû perdre. Que, du reste, il était plein de reconnaissance de la démarche du colonel.

— Et moi plein de regrets, dit M. de Sommery. L'abbé peut bien ne jamais revenir, si cela lui convient. — Bien plus, je ne veux plus qu'il revienne. — Si l'abbé se présente ici, on lui dira que je n'y suis pas, qu'il n'y a personne.

M. de Sommery mourait d'envie de prier Clotilde de jouer aux échecs avec lui ; mais il aurait craint de manquer à la contenance digne qu'il s'était imposée. Il crut cependant ne pas sortir de ses limites, en disant, comme *à la cantonade* : Si Arthur était ici, il sait à peine la marche, il est vrai, mais je lui rendrais, une *tour,* un *cavalier* et un *fou.*

— Si M. de Sommery veut me faire le même avantage, dit Clotilde.

—Oh! mais vous, Clot..., Madame Arthur, vous êtes plus forte que mon fils, et je ne vous rendrais qu'une *tour* et un *cavalier*.

— Je vais essayer.

XLVI.

Quand Tony Vatinel se remit en route pour venir à Trouville, il ne s'amusa plus à admirer la nature sur la route; tout lui était délai, obstacle et distraction. Il marchait et ne s'arrêtait à rien, ne regardait rien, ne voyait rien: le temps était lourd et chargé de nuages. Il entra dans le jardin et y trouva Clotilde assise; il se jeta à genoux devant elle, et baisa ses mains avec passion ; puis il resta sans parler, la tête sur les mains de Clotilde appuyées sur ses genoux.

Elle le releva, et lui fit signe de s'asseoir.

— O Tony, lui dit-elle, pourquoi n'ai-je pu être à vous ? Que notre sort eût été différent à tous deux !

— Marie, reprit Vatinel, sens-tu bien réellement ce regret dans ton cœur ? Comprends-tu ce que je t'offrais, quand, une nuit, je t'offrais de vivre seuls, séparés du monde et du bruit, dans une obscure retraite ?

A ce moment-là, le feuillage des arbres frissonna sans qu'on sentît de vent.

Et bientôt un tonnerre lointain se fit entendre, et un éclair égratigna les nuages, puis quelques larges gouttes de pluie tombèrent bruyamment sur le feuillage de la tonnelle. Clotilde se serra contre Tony. Il pleut, dit-elle, comment allez-vous vous en aller.

— Je ne me plaindrai de la pluie que si elle me fait partir plus tôt, dit Tony.

— Mais, c'est que je ne puis pas vous faire entrer dans ma chambre.

— Est-elle donc si peu séparée qu'on puisse nous entendre?

— Oh! ce n'est pas cela; on pourrait y faire tout le bruit possible, sans réveiller personne, mais....

— Qui vous empêche alors de m'y recevoir?

— Mais... l'ardeur avec laquelle vous paraissez le désirer. Si vous recevoir dans ma chambre, n'était pas quelque chose de plus que de vous voir ici, vos yeux ne brilleraient pas de cet éclat, votre voix ne serait pas tremblante.

— Me craignez-vous, Marie, répondit Vatinel, et n'êtes-vous donc pas assez certaine de mon respect et de ma soumission?

— Mais pourquoi, reprit Clotilde, désirez-vous tant y venir, si vous n'y attachez pas quelque idée bizarre que je ne comprends pas?

— C'est que, dans votre chambre, répondit Tony, il y a plus de vous qu'ici; il y a le fauteuil dans lequel vous vous êtes assise hier, il y a les vêtements que vous avez quittés aujourd'hui. J'y trouverai, outre les instants que vous me donnez, tous ceux que vous avez passés loin de moi.

— Mais, Tony, si je vous reçois dans ma chambre...

— Ne me connaissez-vous donc pas, Marie? Avez-vous donc oublié que d'un regard, d'un geste, vous me feriez jeter dans un gouffre sans fond.

— Eh! bien, venez.

Tony suivit Clotilde, tremblant et ému à un degré inexprimable; son cœur battait avec violence; ils entrèrent dans la chambre de Clotilde. Là, il s'appuya sur un meuble, étourdi et ne voyant plus clair. Puis bientôt, il se jeta à genoux, baisa le tapis sur lequel elle avait marché, l'oreiller sur lequel avait posé sa tête ; il trouva par terre ses petites mules de velours vert, et il les couvrit de baisers.

— O Marie, Marie, dit-il d'une voix étouffée, à genoux devant elle, et le visage sur ses genoux à elle, Marie, je t'aime ! — Et un ruisseau de larmes s'échappa de ses yeux.

— Relevez-vous, Tony, lui dit-elle. Mais Tony couvrait ses genoux de baisers et de larmes, et il les serrait convulsivement dans ses bras; elle voulut le repousser avec les mains, mais il se saisit de ses mains, et les baisa avec une nouvelle ardeur. Elle les retira, et lui dit: Tony, levez-vous, je le veux. Alors Tony se leva, et se cacha le visage dans ses deux mains pour étouffer ses sanglots.

— Allons, mon pauvre enfant, lui dit-elle, je ne veux pas que vous pleuriez ainsi ; venez vous asseoir auprès de moi.

Tony obéit, sans presque savoir ce qu'il faisait.

— Allons, allons, dit Clotilde, êtes-vous donc bien malheureux, et trouvez-vous que je ne fais pas assez pour vous?

Tony, abattu par l'excès de son émotion, laissa tomber sa tête sur le col nu de Clotilde, et resta ainsi, le cœur assoupi, la bouche sur ce col blanc parfumé.

Clotilde était rêveuse et le laissait; mais elle voulut bientôt se dérober à l'impression de cette haleine brûlante.

— Tony, lui dit-elle, asseyez-vous en face de moi, sur ce fauteuil; — il faut que je vous parle sérieusement. Écoutez-moi, dit-elle, quand Vatinel lui eut obéi, je ne vous recevrai plus ici; — vous ne tenez pas vos promesses et vous n'êtes pas raisonnable.

— Pardonnez-moi, Marie, répondit Vatinel, une émotion à laquelle je ne m'attendais pas et qui m'a surpris.

— J'en suis fâchée, ajouta Clotilde, parce que nous sommes ici plus en sûreté que dans le jardin.

— Soyez sûre, dit Vatinel....

— Vous me disiez cela au jardin; — mais ce n'est pas là seulement ce que je voulais vous dire. — Le meilleur jour pour nous voir est le samedi, parce que, le dimanche, les pêcheurs ne travaillent pas et se lèvent plus tard, tandis que tout autre jour il n'y a pas d'heure à laquelle vous ne puissiez être rencontré. Partez, allez vous-en; — je vous attends samedi.

XLVII.

Tony Vatinel à Clotilde de Sommery.

— Oh! loin de vous, je n'ai pas la crainte de vous déplaire et de vous offenser. — Loin de vous, j'ose donner plus d'amour à ce que je me rappelle, que je n'ose vous en laisser voir à vous-même.

Dans l'ombre de la nuit je revois votre doux

regard, et je le vois mieux que quand je suis auprès de vous, parce que j'ose le regarder. — Je sens votre tête brûler la mienne. — J'ai emporté un mouchoir avec lequel vous avez essuyé mes yeux; et ce mouchoir, du moins, j'ose lui donner des baisers que je ne pense qu'à modérer sur vos mains et sur vos genoux.

Mais pourquoi de si charmantes images m'oppressent-elles ainsi, et me serrent-elles le cœur?

Que je suis heureux de tout ce que je sens de noble et d'élevé dans mon âme, qui est votre temple! — Comme je vous appartiens!

Mon hôtesse vient d'entrer dans ma chambre, pour me demander pardon du bruit qu'on a fait toute la nuit dans la maison ; — elle m'assure que cela n'arrivera plus à l'avenir. — Je lui ai dit que ce n'était rien ; mais la vérité est que je n'ai absolument rien entendu, et que, cependant, je n'ai pas dormi un instant, et ne me suis pas couché. Je suis entouré d'une atmosphère d'amour qui ne laisse rien arriver jusqu'à moi ; toutes mes facultés, tous mes sens vous sont consacrés. Je ne vois que vous, et je vous vois toujours et partout. N'importe qui me parle, c'est votre douce voix que j'entends, et qui me redit quelques unes de ces bonnes paroles que vous m'avez dites, et que j'ai enfouies dans mon cœur, comme un avare son trésor dans la terre.

XLVIII.

Le samedi, Tony Vatinel trouva Clotilde dans le jardin; elle le prit par la main et le conduisit dans sa chambre. — Vous voyez que je suis bonne, lui dit-elle, aussi dois-je espérer que vous serez plus raisonnable que l'autre soir, sans quoi il me faudrait renoncer à vous voir tout à fait. Et qu'avez-vous, dit-elle en souriant, à me regarder ainsi?

— Laissez-moi, répondit Tony. Quelque fidèle que soit mon imagination à vous représenter à moi, elle oublie toujours quelque chose, et quoique je n'aie pas cessé un moment, depuis l'autre nuit, de vous avoir devant les yeux, il me semble qu'il y a un siècle que je ne vous ai vue.

Tenez, il y a une impression que je n'ai pu retrouver, et pour un instant de laquelle je donnerais ma vie : c'est la douce odeur de votre peau. Quand, l'autre nuit, j'avais la bouche sur votre col, j'aspirais ce parfum et j'en étais enivré.

Clotilde sourit doucement, et pencha son col sur lequel Tony posa ses lèvres; mais cette fois ce baiser porta sur une partie du col douée d'une grande sensibilité chez les femmes, et Clotilde tressaillit.

— Enfin, dit Tony, ce n'est donc pas à une

statue que s'adressent mes désirs et mes caresses;
voilà la première fois que je te sens animée.

— Tony, dit-elle, mon Tony, ne m'embrassez plus ainsi, je vous en prie.

Tony, assis près de Clotilde, passa le bras autour de sa taille, et Clotilde, troublée au plus haut degré, laissa pencher sa tête sur la poitrine de Tony.

Elle paraissait endormie, bercée par les violents battements du cœur de Vatinel, qui n'osait faire un mouvement, et posait doucement ses lèvres sur les cheveux de Clotilde.

Elle ne tarda pas à revenir à elle; elle releva la tête et regarda Vatinel; elle rencontra ses yeux, si pleins d'amour, que, penchant sa tête vers lui, elle lui dit : — Ah! Tony, je vous aime! Et ses lèvres s'unirent à celles de Tony, qui ne pouvant résister à une semblable émotion, tomba sur le carreau sans connaissance.

Clotilde se jeta à genoux près de lui, l'appela des noms les plus tendres, dénoua sa cravate, lui fit respirer des sels; il ouvrit les yeux.

— Marie, dit-il, Marie, où es-tu? Il se releva, regarda autour de lui pour reconnaître et pour se rappeler. — Est-ce un rêve, dit-il, oh! non, je sens mon cœur plein de bonheur, non, ce n'est pas un rêve. Marie, Marie, tu es à moi, et il l'enlaça dans ses bras; mais Clotilde s'échappa de ses bras comme un serpent, et, avec l'air très effrayé, lui dit :

— Tony, allez vous-en, sauvez-vous, j'entends du bruit, je suis perdue.

Tony s'enfuit, et, au lieu de passer par la porte, franchit une muraille du jardin, et disparut dans la nuit.

XLIX.

Clotilde, qui n'avait entendu aucun bruit, écoutait ses pas. Quand elle fût sûre qu'il était loin : Mon Dieu, dit-elle, quel est ce trouble qui s'est ainsi emparé de mes sens? Et que deviennent donc mes projets et mes résolutions ? Ne suis-je donc qu'une femme vulgaire et semblable à toutes les autres? L'amour me fera-t-il donc tout oublier et ne me laissera-t-il ni penser ni me souvenir?

De ce jour, Clotilde, en garde contre elle-même, sut se conserver calme et froide au milieu des transports de Vatinel, tous les jours plus violents, quoiqu'il lui suffit d'un mot ou d'un regard pour le maintenir dans les limites qu'elle lui avait assignées d'avance.

Il n'y avait plus, pour Vatinel, ni repos ni sommeil; ses yeux caves lançaient de sombres éclairs. Ce n'était plus du sang, mais de l'amour, mais du feu qui circulait dans ses veines. Loin d'elle, il la voyait, il lui parlait, il couvrait de baisers quelques objets qui venaient d'elle. Il retrouvait, dans un petit fichu de soie qu'elle avait mis sur son col, ce parfum de la peau de Clotilde qui lui avait causé une si véhémente impression. Il s'étudiait à retrouver et à reproduire les inflexions de la voix de Clotilde pour chacun des mots qu'elle lui avait dits et dont il n'avait pas oublié une syllabe. Il serrait ses bras sur sa poitrine, et il lui semblait encore étreindre Clotilde, mais ce baiser qu'elle lui avait donné, il n'y pouvait penser sans sentir au cœur une grande défaillance comme s'il allait encore se trouver mal. Il fermait les yeux et il voyait la bouche de Clotilde si petite, si finement dessinée, si dédaigneuse ; ses lèvres si roses, si fraîches, et ses dents si petites, si serrées et si bien de ce blanc chaud des perles. Et il ressentait sur ses lèvres à lui, — et jusque dans son âme, — l'humidité voluptueuse de cette bouche qui avait touché la sienne. Les idées les plus extravagantes traversaient sa tête et ne la quittaient que pour faire place à d'autres plus folles encore. Il avait envie de demander encore ou de prendre un baiser pareil, et de se tuer ensuite. —D'autres fois, c'était Clotilde qu'il voulait tuer, pour l'avoir alors à lui. Puis, il lui survenait des hallucinations bizarres ; — il pensait aux pieds de Clotilde, il les voyait devant lui, et, quoi qu'il regardât, il ne pouvait plus voir autre chose. Mais toujours il voyait en même temps les jambes, dont il n'avait jamais aperçu tout au plus que la cheville; — et, malgré tous ses efforts, il ne pouvait se représenter la robe tombant sur cette cheville et la couvrant. Les plus intimes révélations se faisaient à sa pensée, et, quoiqu'il fît pour repousser ces images, elles se représentaient toujours plus nettes et plus circonstanciées. S'il trouvait, à force de fatigue, quelques instants de sommeil, il rêvait Clotilde dans ses bras, — et il se réveillait en sursaut; — puis il se disait que ses rêves et ses désirs le tueraient sans jamais se réaliser. — Et il reprenait, pour un instant, ses idées sur Clotilde, à laquelle autrefois il ne supposait que vaguement un corps. — Marie n'est pas une femme, ce n'est pas une femme destinée à d'impures caresses. — Alors une horrible idée lui traversait le cœur.—Il y a un homme auquel elle appartient, — auquel elle appartient toute entière, — un homme pour lequel ce que j'ose à peine rêver est une réalité, — un homme fatigué de ces baisers dont un seul a failli me tuer, — un homme qui n'a rien à deviner d'elle et rien à désirer!

Et Tony sentait dans son cœur tout son amour s'aigrir en haine contre Arthur et contre Clotilde.

L.

Tony arriva un soir près de Clotilde. — Elle parut fort surprise, lui dit qu'elle ne l'attendait pas si tôt, et jeta à la hâte un châle sur ses épaules. Il y avait eu du monde chez M. de Sommery. Elle était fort décolletée ;—et, pour comble de désordre, lorsque Tony était entré, elle était en train d'ôter ses bas pour en mettre d'autres plus chauds. Elle avait un pied entièrement nu. — Jamais un sculpteur ne fit un aussi joli bijou d'ivoire. Il était petit et étroit jusqu'à l'invraisemblance, et d'une blancheur éclatante ; ses ongles étaient polis et de la couleur d'une rose pâle. Le coude-pied était très élevé et d'un dessin charmant.

— C'est ainsi, dit Tony Valinel, que je vous ai vue la première fois sur la plage, par une marée basse. Laissez-moi voir ce pied que j'adore. — Il se mit à genoux et prit dans sa main le pied de Clotilde, qu'il y enfermait tout entier ; puis il se baissa et le baisa. — Clotilde retira brusquement son pied.

— Écoutez-moi, Tony, lui dit-elle ; il faut aujourd'hui que je vous parle très sérieusement. Il ne faut pas qu'il se renouvelle jamais entre nous une scène semblable à celle de samedi. Je vous aime, Tony ; je n'ai pas cherché à vous le cacher ; mais je ne serai jamais à vous. Je mourrais de honte rien que de penser que vous me pouvez croire capable de me donner à deux hommes. J'ai senti samedi que j'étais moins forte que je ne l'avais espéré ; cependant je crois maintenant être sûre de moi. Mais vous n'avez pas, pour vous arrêter, des raisons aussi impérieuses que les miennes. Vous êtes parti samedi dans un état affreux. Tony, il faut être raisonnable ; il ne faut pas nous tuer en nous exposant à des dangers dont nous sommes forcés de sortir vainqueurs. Il faut ne plus nous voir.—Aussi bien, mon mari ne tardera pas beaucoup à revenir ; et plus nous prendrons l'habitude de nous voir ainsi, plus la séparation que rien ne peut faire éviter nous sera difficile et douloureuse.

Pendant que Clotilde parlait, elle pouvait voir sur le visage amaigri de Tony Vatinel l'effet de chacune de ses paroles. Quand elle parla de son mari, quand il traduisit la *séparation inévitable* par l'habitation dans la même chambre d'Arthur et de *sa femme*, il y eut dans son regard tous les feux de l'enfer. Quand elle eut fini, il voulut parler, mais la voix fut quelque temps à sortir de sa bouche; les mots se pressaient et s'arrêtaient au passage. Enfin, après deux essais inutiles, il finit par articuler d'une voix basse et sourde, et cependant intelligible et solennelle :

— Et moi aussi, Marie, je veux vous parler sérieusement. Je ne comprends pas la nécessité de se priver d'un bonheur aujourd'hui, parce qu'il ne peut pas durer toujours. Pourquoi ne pas tuer les enfants parce qu'ils doivent un jour mourir? Non. J'arracherai au sort tout le bonheur que je pourrai lui arracher. — Et savez-vous, sais-je moi-même si je ne me tuerai pas le jour où ces entrevues finiront? Pourquoi ne pas les prolonger jusqu'à la dernière?

— Tony, continua Clotilde, si jamais un hasard me rendait libre, je serais à vous et je n'en serais pas moins heureuse que vous.

— Ah! s'écria Yatinel, si tu partages mon amour et mes désirs, sois à moi et mourons.

— Quelque prompte, interrompit Clotilde, que fut votre main à me donner la mort, il y aurait toujours entre mon crime et cette mort un instant pour la honte. — Je me résignerais à la mort; mais à cette honte-là, jamais. — Je vous le répète, Tony, je n'appartiendrai pas à vous tant que j'appartiendrai à Arthur de Sommery. Si vous voulez me revoir, vous allez me faire un serment, un serment sans lequel nous allons nous séparer pour toujours.

— Parlez, dit Tony.

— Eh! bien, quoiqu'il arrive, quelque faiblesse que vous puissiez surprendre en moi, vous jurez de n'en jamais abuser; vous jurez de ne pas essayer de prendre sur moi des droits qui appartiennent à un autre et ne peuvent appartenir à deux. Faites ce serment, Tony, parce que, si vous ne le faites pas, j'aurai la force de vous fuir; parce que, si vous le faites et si vous tentez d'y manquer, le mépris me donnera la force de vous résister et m'empêchera d'avoir peur de vous. Faites-le, parce que, si je succombais, je vous jure, moi, par tout ce qu'il y a de sacré sur la terre et dans le ciel, que je me tuerais et que je mourrais en vous maudissant. — Et ne croyez pas que ceci soit une parole vaine, comme en disent les femmes. Si vous manquez à votre serment, je ne manquerai pas au mien. Si vous hésitez, vous me perdez, vous ne me reverrez jamais.

Tony fit le serment qu'on lui demandait.

— Maintenant, dit Clotilde, je n'ai plus peur de vous ni de moi. Tony, n'es-tu pas content de ce que je te donne ? — Mon âme est à toi, je t'aime, — et je confie mon honneur au tien. Je n'ai plus peur de vous maintenant, parce que vous me défendriez contre moi-même, s'il en était besoin. Maintenant, regardez et baisez ce pied que vous aimez, parce que je suis sûre que nous ne serons pas entraînés.

Et elle lui donna son pied nu, que Tony couvrit de baisers brûlants.

— Marie, dit-il, vous avez été décolletée toute la soirée, et pour moi seul vous cachez ces épaules d'ivoire que vous n'avez cachées à personne.

— Ah! dit Clotilde, c'est que vous... je vous aime. Mais j'oublie que je n'ai plus peur de vous. — Et elle laissa tomber le châle qu'elle avait mis sur ses épaules.

Elle avait une robe de soie d'un bleu sombre qui dessinait à ravir sa taille fine et souple. Elle laissait voir seulement l'origine de la gorge, mais assez pour qu'on pût en imaginer la forme qui était d'une pureté inouie. Clotilde, qui n'avait pas eu d'enfants, n'avait perdu de la jeune fille que l'indécision des formes, et la maigreur; mais elle en avait gardé toute la fraîcheur et toute la naïveté. — La séparation de sa gorge, sur laquelle sa robe était tendue, faisait supposer qu'un regard furtif pourrait découvrir une partie des beautés qu'on soupçonnait par induction. Ses épaules étaient beaucoup plus découvertes, et il y avait là de quoi rendre fou un homme moins bien disposé à le devenir que Tony Vatinel : c'étaient les formes et les contours les plus harmonieux, et une peau d'un éclat à éblouir les yeux et le cœur. — Tony retrouva alors cette douce odeur dont il avait gardé son âme toute parfumée.

A chaque visite, le pauvre Vatinel devenait plus amoureux. Ce qu'on lui avait promis, à la visite précédente, s'obtenait, à la nouvelle visite, à peu-près sans difficultés, — et il gagnait encore quelque chose, si c'est gagner que de gagner de nouveau feu pour dévorer ses entrailles. Ce jour là tous ses amours furent pour le pied de Clotilde; — il s'était affaissé devant elle, et il baisait ce divin petit pied, — et il le réchauffait dans sa poitrine.

Je ne sais quel funeste hasard, — et je ne sais

surtout si c'était un hasard,—lui versait toujours deux poisons à la fois. A chaque nouvelle faveur qui venait augmenter l'ardeur de ses transports, quelque nouvel indice venait aussi lui rappeler Arthur, — Arthur, possesseur indifférent de Marie ; — et ce petit pied aussi était à Arthur, — et ces épaules et cette gorge d'ivoire, étaient à Arthur, — tout était à Arthur, et bientôt il reviendrait en maître dans cette petite chambre, — et il n'y aurait ni lutte, ni combats, ni résistance. — Clotilde soumise, toute entière ! — A cette idée, il la serrait dans ses bras, avec plus de haine que d'amour, et plus de désir de l'étouffer que de l'embrasser ; et il ne comprenait pas, quand il y pensait, comment Clotilde, si pleine d'esprit, d'intelligence et de tact, ramenait si inopportunément le souvenir de son mari. C'était au milieu des transports les plus vifs de Vatinel, qu'elle parlait d'une lettre qu'elle avait reçue d'Arthur, ou de son retour prochain ; et ce n'était pas pour calmer ses transports, car, l'instant d'après, elle lui permettait quelque chose qui leur donnait une nouvelle exaltation.

LI.

Il faut croire que Clotilde avait ses raisons pour ne pas faire, à Tony Vatinel, un mensonge que n'eût pas manqué de lui faire toute autre femme mariée. Quand on écoute ces dames, on ne saurait se figurer dans quelle innocence fraternelle et biblique vivent les ménages pa-

risiens. Sur dix maris, il y en a.... combien?..
il y en a dix, pour lesquels la chambre de leur
femme est le temple de Vesta, un sanctuaire
impénétrable. Il y a au moins trois ans, que
l'on n'a vu Monsieur plus matin que le déjeûner, ni plus tard que le retour du théâtre ou
du monde. Monsieur a toujours une santé dé-
licate, que dis-je? détruite. — Toutes les femmes mariées sont vierges, et tous les maris
impuissants. — Je connais deux hommes qui se
voient beaucoup dans le monde; chacun d'eux
est l'amant de la femme de l'autre, ce qui
n'empêche pas chacune des deux femmes de
dénoncer son mari à son amant, comme un
homme fort abandonné du ciel. Par ce moyen,
ni l'un ni l'autre ne s'avise d'être jaloux,
ni comme amant, ni comme mari, — et ils
vivent en paix, et se tenant l'un l'autre en
grande pitié et commisération.

Pendant que je suis sur ce sujet, je me sens
pris d'une disposition bienveillante à l'égard

des femmes, et je vais leur rendre un signalé service, en les éclairant sur un point fort obscur de leurs relations avec nous.

En général, les femmes sont fort portées à s'exagérer leur propre finesse et l'excès de leur adresse invincible. Deux choses les maintiennent misérablement dans cette pensée. La première est que la femme, attaquée presque toujours par un homme amoureux avant d'être amoureuse elle-même, a sur lui tout l'avantage du sang-froid. La seconde consiste dans les plaintes qu'elles entendent les hommes bourdonner à leurs oreilles sur cette finesse prétendue. Cette adresse, les imbéciles y croient, les gens d'esprit la font croire; les premiers, parce que l'amour-propre se plait toujours à s'exagérer la force de ce qui nous a vaincu; les seconds, parce qu'on ne saurait donner trop de confiance et de présomption à l'ennemi qu'on veut vaincre. Mais voici ce qui surtout donne et doit donner aux femmes en même temps une idée hyperbolique de la finesse de leur sexe et de la stupide crédulité du nôtre. Les femmes s'imaginent que nous avons dans le cœur ou dans la tête, ou n'importe où, un type auquel il faut absolument ressembler pour être belles à nos yeux. — Et il n'est sorte de déguisement, de mensonge, qu'elles n'emploient pour arriver à cette ressemblance. Les hommes, du reste, font de leur côté absolument la même chose. On se revêt, pour le combat de l'amour, chacun d'un personnage de son invention, comme d'une cuirasse. Souvent, on arrive à se déplaire de part et d'autre sous ces traits d'emprunt qu'on a pris pour plaire davantage, tandis qu'on se serait charmé réciproquement avec sa figure naturelle. Si une femme s'aperçoit du mensonge de l'homme qui lui fait la cour, si un mouvement maladroit lui fait voir les cordons du masque, elle annonce triomphalement sa découverte, et l'homme est perdu. On comprend ici quelle

retire, de son adresse et de sa perspicacité,
un légitime orgueil. Mais ce qui doit surtout
s'accroître, c'est quand elle voit que l'homme
ne paraît en rien s'apercevoir de ses déguisc-
ments à elle qui a si bien vu les siens. Et ici
son orgueil est moins légitime. — Si une
femme, en effet, voit qu'elle s'est trompée ou
qu'on l'a trompée; — que ce qu'elle se sentait
disposée à aimer n'est qu'une fantasmagorie,
une apparence; elle n'a plus rien à faire de
l'homme sur lequel elle s'est trompée, et qui
n'est pas ce qu'elle l'avait cru être, parce que
la femme aime on n'aime pas, sans rien d'intermédiaire à quoi elle puisse se prendre.
L'homme, au contraire, séduit de loin par une
apparence de femme *selon son cœur*, s'approche
de cette réalisation de ses rêves. De près, ce
n'est plus cela; il s'est trompé ou on l'a trompé.
Il ne fait pas alors comme la femme; il ne
jette pas les hauts cris et il ne brise pas tout.
Si la femme n'a pas à lui donner ce qu'il avait

cru pouvoir en attendre, il lui demandera quelque autre chose; si elle n'a pas encore ce quelque autre chose, il descendra un peu plus bas, et un peu plus bas encore. Il y a, pour un homme, mille degrés entre adorer une femme et la désirer ; et toute femme qui a attiré l'attention est tout au moins désirée. D'ailleurs il y a pour l'homme, dans la possession, une victoire, et conséquemment une vengeance ; il n'a donc aucune raison d'abandonner la partie par mauvaise humeur d'avoir été trompé. Pour la femme, au contraire, il y a une défaite.

Mais, comme les gens qui se voient devinés se fâchent beaucoup plus que les gens qui devinent, l'homme qui a deviné la femme se garde bien de le lui laisser apercevoir. Quelque soit celui de ces mille degrés dont nous parlons, auquel il croie devoir tendre, fût-ce le dernier, il gardera, pour y arriver, toutes les apparences et toute la phraséologie de l'adoration. La femme alors s'encourage par l'apparente crédulité de son adversaire, et elle fait suivre chaque mensonge qui réussit, d'un mensonge plus fort et plus audacieux qui réussit également; et cependant, elle tombe dans une grande admiration d'elle-même, et dans un grand mépris pour notre sexe. Voilà ce que j'avais à dire sur ce sujet. Et « je m'en rapporte pour ma récompense à la générosité des personnes. »

LII.

Tony avait emporté pour une semaine le souvenir de ses baisers sur les épaules et sur le pied de Clotilde, et l'appréhension du retour d'Arthur de Sommery. Il y a des gens qui n'imaginent rien de mieux contre l'amour que la retraite et la solitude. Autant enfermer un homme avec un tigre furieux, que de le livrer ainsi seul à un amour non assouvi. Tout, dans cette situation, devient amour, jalousie et haine. Ce que l'on mange ne devient plus du chile, mais de la jalousie, de la haine et de l'amour. — Et aussi, l'air que l'on respire. Tony Vatinel n'aimait plus ni le soleil, ni les arbres, ni les prairies, ni l'aspect de la mer. Il n'avait plus d'extatiques admirations en face d'un beau coucher de soleil. Le chant des oiseaux, les majestueuses harmonies du vent, ne lui causaient aucune impression ; les parfums des prairies après l'orage, celui des bois de chênes, étaient éteints. Tous ses sens étaient émoussés, endormis ; ses yeux ne pouvaient plus voir que Clotilde ; — ses oreilles n'entendaient que la voix de Clotilde ; — il n'y avait plus pour lui d'autre saveur, d'autres parfums que ses baisers sur le col de Clotilde et le parfum de sa peau.

LIII.

Le samedi suivant, Tony trouva Clotilde vêtue plus légèrement que de coutume. — La chaleur avait été excessive tout le jour. — Elle n'avait qu'une petite jupe de soie blanche et un petit châle pareil sur les épaules. Tony, à genoux devant elle, la regardait et s'enivrait de ses regards. Bientôt, saisissant ses genoux dans ses mains jointes par dessous, il les couvrit de baisers, et il sentit que cette petite jupe était presque le seul vêtement de Clotilde, et que ses baisers étaient bien plus près d'elle que d'ordinaire. Les genoux de Clotilde frémissaient sous ces baisers qu'ils recevaient presque sans intermédiaire, — et semblaient les rendre.

— O Marie ! lui disait-il, que tu es heureuse d'avoir tant de bonheur à donner !

Et quelques instants après, par une contradiction qui ne vous étonne pas, je l'espère, — ô ma belle lectrice, il se roulait par terre, en pleurant, et en disant : — Marie, Marie, aie pitié de moi, Marie ! aie pitié de moi.

— Tony, répondait Clotilde, qu'avez-vous à me demander, et avez-vous oublié votre serment et le mien ?

Et Vatinel, — sans l'entendre, répétait, — Marie, Marie, aie pitié de moi !

— Tony, répéta à son tour Clotilde, avez-vous oublié votre serment, avez-vous oublié le mien?

— Eh! que me font les serments, s'ecria Tony, que me font ma mort et la tienne? — Ai-je de la raison, ai-je de la mémoire, — quand tu es si belle, — quand je suis si amoureux? — Ah! alors, ne me laisse pas te donner de si énivrantes caresses, ne me laisse pas être si près de toi. Tu me brûles, — ton haleine me dévore. Repousse moi, chasse moi. Je maudis le serment que tu m'as fait faire. — Je te maudis de l'avoir exigé, je ne veux pas le tenir, — je ne le tiendrai pas, — ou renvoie-moi ! — Tiens, — toi, tu ne sens rien, — tu ne sais pas ce que c'est que ces baisers que je donne sur tes genoux.

Et il recommençait à embrasser les genoux de Clotilde.

— Tu ne sais pas ce que c'est, Marie, que ces baisers là !

— Vous avez raison, Vatinel, dit Clotilde, je ne dois plus permettre de semblables caresses, puisqu'elles ont pour résultat de vous empêcher de m'aimer, — de me faire maudire par vous, de me demander ce que vous n'aurez jamais de moi, et ce qui, si j'avais jamais la faiblesse de vous l'accorder, serait, vous le savez, l'arrêt irrévocable de ma mort. — Vous avez raison, nous sommes fous. — Il faut vous en aller.

Et elle le repoussa.

Il faut ne plus nous revoir, il faut nous dire adieu à jamais.

Ah! Marie, dit-il, ne m'écoutez pas, je suis fou, — ne me rejetez pas du ciel où je suis près de vous. — Insensé que je suis — de demander quelque chose! — N'ai-je pas plus de bonheur mille fois que Dieu n'a permis à l'homme d'en avoir? Le premier jour où j'ai baisé votre front, — n'avais-je pas ressenti de plus célestes félicités, de plus pures délices qu'aucune femme n'en a jamais données à son

amant? Pardonnez-moi,—ne m'écoutez-pas,—
laissez-moi près de vous, — n'écoutez-pas mes
plaintes insensées. Passer ma vie à tenir dans
mes mains votre petit pied, à le baiser;—passer ma vie à vous voir, à tremper mes mains
dans les ondes de vos cheveux;— ce serait trop
de bonheur; je ne pourrais peut-être pas le
supporter.

Et Tony s'était relevé, il s'était assis à côté
de Clotilde, sur un divan,—et il prenait des
poignées de ses beaux cheveux, échappés au
peigne, et il baisait ces cheveux,—il les mordait avec frénésie. Le petit châle de soie tomba,
— et les lèvres de Tony descendirent sur les
épaules et sur la gorge de sa belle maîtresse.

Puis il resta longtemps la tête sur l'épaule
de Clotilde,—semblable à un homme ivre qui
finit par perdre connaissance.

LIV.

Le samedi suivant, Tony Vatinel trouva Clotilde sans lumière. On a remarqué, dit-elle, samedi dernier, que j'avais conservé de la lumière toute la nuit. J'ai prétexté une indisposition, mais la même remarque, faite une seconde fois, ne pourrait manquer d'éveiller des soupçons. Cette nuit-là, Clotilde réserva bien peu de chose à son mari, mais cependant elle lui réserva quelque chose.

— Insensée, lui dit Tony Vatinel, crois-tu donc t'être conservée à ton mari? Ce que tu appelles un crime, était commis la première fois que mes lèvres ont baisé ton front. La première fois que ma peau a touché la tienne, tu étais adultère, adultère de cœur et de corps! Au premier frisson que mes baisers t'ont causé, n'étais-tu pas entièrement à moi? A quoi sert cette résistance que tu opposes à mes désirs? Que produit-elle? moins de bonheur sans plus de vertu, crime contre moi et contre lui. Marie, écoute-moi, tu n'auras pas de témoin de ce que tu appelles ta honte; sois à moi toute entière, et, en sortant de tes bras, j'irai me précipiter par dessus la falaise. Marie, sois à moi, je donne ma vie pour quelques instants de ton amour; sois à moi, Marie, chère Marie, et ce serment-là, je le tiendrai!

Et Vatinel couvrit de baisers tout le corps de Clotilde; tout à coup, il la saisit dans ses bras, et l'emporta vers le fond de la chambre. Marie jeta un cri.

— Tony, dit-elle, laissez-moi, ou je crie, j'appelle ; je ne reculerai devant rien pour me débarrasser de vous, je ne vous aime plus, je vous hais, je ne veux plus vous voir ; allez-vous-en !

Et, débarrassée des bras de Tony, elle était allée se rasseoir sur le divan, et, la tête dans les mains, elle resta immobile. Tony se rapprocha d'elle.

— Oh ! pardonnez-moi, Marie, soyez bonne et miséricordieuse, ayez pitié d'un pauvre homme bien malheureux, bien amoureux.

Il lui prit la main, cette main était glacée.

— Marie, Marie, dit-il plein d'épouvante, Marie, parle-moi, réponds-moi, pourquoi tes mains sont-elles froides comme les mains d'une morte ?

— Parce que je meurs de peur, dit Clotilde d'une voix étouffée, parce que je suis avec un homme que je hais et que je méprise, et que je suis presque à sa merci.

Allez-vous-en, allez-vous-en, dit-elle d'une voix nerveuse, allez-vous-en! ou je me jette par la fenêtre.

Tony Vatinel se mit à genoux, demanda pardon de mille manières, s'accusa de folie, de brutalité; et, en demandant pardon, il baisait ses mains, ses épaules, ses genoux, ses pieds; et il promettait de se contenter de ce qu'on lui donnait. Mais ces caresses, mêlées à ses paroles et à ses larmes, le remirent peu à peu de l'effroi que lui avaient causé la frayeur et les cris de Clotilde. Sa tête redevenue brûlante, ses baisers devinrent plus âcres et plus précipités; et, sans s'en apercevoir, il se trouva en proie aux mêmes transports.

— Ah! dit Clotilde, je vous remercie, j'aurais été trop malheureuse, si vous m'aviez laissée avec mon amour et mon estime pour vous ; car nous nous voyons aujourd'hui pour la dernière fois. Arthur revient cette semaine.

— Arthur, s'écria Tony en se relevant et la repoussant. Et ses dents claquèrent les unes contre les autres. — Arthur !

— Oui, dit Clotilde. Arthur revient cette semaine, et il me l'annonce dans une lettre que voici.

Elle tendit la lettre à Tony Vatinel, qui la repoussa avec colère ; puis se ravisa, la prit et lut.

LV.

Arthur de Sommery à madame Clotilde de Sommery.

Ma chère Clotilde, cette semaine je serai auprès de toi. Ce sera avec un grand plaisir que je me retrouverai dans *notre* chambre, et dans tes bras. Tout ce que j'ai vu de femmes n'a servi qu'à te rendre plus jolie à mon imagination, et j'ai amassé une foule de baisers que j'ai sur le cœur, et que je te porte. Attends-moi un des jours de cette semaine ; arrange notre chambre toute blanche, je vais enfin reprendre ma place dans ce grand lit où tu dois être perdue. . . . .

. . . .

LVI.

Tony Vatinel froissa la lettre et la jeta à terre.

—Vous le voyez, Tony, dit Clotilde, c'est aujourd'hui notre dernière entrevue. Il faut nous dire adieu.

Tony Vatinel était pâle et silencieux. Il prit

la main de Clotilde; il voulut parler, mais il ne trouva pas de voix.

Il regarda cette chambre, dont parlait Arthur de Sommery, et ce lit.... Son œil était hagard et plein d'un feu sombre. Il revint à Clotilde et lui dit :

— Marie, il faut que je vous voie encore une fois.

— Mais, dit Clotilde, c'est impossible, mon mari pourrait arriver précisément cette nuit-là.

— Non, répondit Tony Vatinel, je ne partirai de Trouville qu'après que le dernier bateau et la dernière voiture seront arrivés.

Et il partit en courant, car une lueur blanche à l'horizon annonçait que le jour n'allait pas tarder à paraître.

LVII.

Robert Dimeux à Tony Vatinel.

Voici que j'arriverai dimanche, mon cher Tony, à notre château de Fousseron. J'espère que tu auras mis à profit l'absence d'Arthur de Sommery, et que tu es rentré dans les conditions de l'humanité et de la raison.

Peut-être vais-je te trouver au château de

Fousseron, regrettant tes chagrins et cet amour qui te dévorait le cœur, — et qu'un instant de possession aura fait évanouir. Car ce sont précisément les amoureux de ta trempe, — ces amoureux à passions surhumaines, — qui s'arrangent le moins de la fidélité. Tu as été fidèle à l'espoir d'une femme, — mais tu ne le seras pas à la femme elle-même. La possession t'aura montré sur quel pauvre canevas ton imagination avait fait de si riches broderies d'or et de soie.

Je suis à Paris depuis trois jours. — Il y a des gens qui me plaignent fort de passer une grande partie de l'année à la campagne, *en province.*

Nous l'avons souvent remarqué ensemble, il y a singulièrement peu de gens qui voient les choses comme elles sont, et qui, même en présence d'un spectacle, puissent empêcher leur mémoire de tromper leurs yeux par de menteuses hallucinations.

J'y ai surtout pensé ce printemps, quand j'entendais appeler le mois de mai le « *mois des roses* », quoique sous le ciel de presque toute la France il n'y ait pas de roses dans le mois de mai.

On en croit plus les poëtes que ses propres yeux, et les poëtes font les vers d'après les vers de poëtes plus anciens, leurs tableaux d'après de vieux tableaux, sans s'occuper de la nature. La poésie française est éclose dans la chaude Provence d'un germe apporté de la Grèce où les lauriers-roses remplacent, sur les rives des fleuves les saules bleuâtres de nos rivières.

Il y a des gens qui quittent leur famille, leur maison, leurs amis, leur chien et leur fauteuil accoutumé pour aller voir la mer, font cent lieues dans une voiture infecte, et écrivent à leurs amis : « Je vous écris des bords de l'Océan, *Père des fleuves*. L'*Eurus* et le *Notus* bouleversent l'*empire de Neptune* ; les vagues, *hautes comme des montagnes,* épouvantent les *nochers* et brisent les *carênes.*

Tout cela est écrit et imprimé dans leur bibliothèque, qu'ils ont laissée à Paris. Ils n'ont rien vu, ils ont eu tort de se déranger; ils auraient pu réciter cela chez eux, tout aussi parfaitement.

Il est bien singulier qu'il soit plus facile d'apprendre les pensées des autres, que de penser soi-même. Le plus grand nombre des hommes a dans la tête une sorte de casier étiqueté, où il met, pour les retrouver au besoin, des idées, des opinions et des définitions toutes faites. C'est à cela qu'on doit tous ces lieux communs sur la *Province;* — sur la *centralisation*, et sur la *décentralisation*. Il y a, sur ces sujets, un certain nombre d'idées saugrenues, que l'on se transmet de générations en générations, sans que malheureusement il s'en perde une seule, sans qu'il se rencontre jamais un homme qui s'avise de vérifier le titre de cette vieille monnaie, fruste et effacée.

Prononcez le mot *province* devant dix personnes différentes, séparément. Chacune usera du même procédé.

Elle ouvrira dans sa tête le carton étiqueté *Province*, — et elle en tirera :

Province, — pays barbare!

Il n'y a que Paris.

Elle a d'assez beaux yeux pour des yeux de province.

Un provincial !

Une provinciale !!!

Huit, sur ces dix personnes, n'ont jamais commis de plus lointaine pérégrination, qu'une promenade aux Tuileries ou au Luxembourg. Les autres sont allées regarder, et n'ont pas vu. Elles ne jugent pas avec leurs impressions : elles n'en ont aucunes ; d'après leurs idées : elles en ont moins encore. Elles ont simplement ouvert la case :

PROVINCE.

Elles en ont tiré tout ce qui s'y trouve; après quoi elles ont replié et renfermé soigneusement le tout, pour s'en servir à la première occasion.

Cette proscription de la Province est une sottise. Paris n'existe pas par lui-même. Paris n'est rien qu'un grand basar, un immense caravansérail, où l'on vient, de tous les points, vendre et acheter, — où l'on vend, où l'on achète tout, même des choses qui ne devraient ni s'acheter, ni se vendre.

Cette proscription de la Province, rappelle la bévue de ce magistrat sans-culotte qui, entendant dire que la France était menacée de perdre ses colonies, — demanda :

— A quoi servaient les colonies.

— Mais, lui répondit-on, si on perdait les colonies, la France serait très embarrassée pour avoir du sucre.

— Et que nous importe? s'écria-t-il. N'avons-nous pas les raffineries d'Orléans?

En effet, Paris consomme, mais Paris ne produit pas.

Paris est un gouffre où chaque jour entrent, pêle-mêle et entassés, par toutes ses issues, par toutes ses barrières, du lait, des bestiaux, des légumes et des poëtes.

Paris mange tout cela, et la Province travaille sans cesse à produire des poëtes, des légumes, des bestiaux et du lait, pour assouvir les voraces appétits du Gargantua affamé.

Car Paris ne produit pas plus de poëtes que d'autres choses. C'est à la Province qu'appartiennent les horizons verts des hautes et silencieuses forêts, où l'on marche sur la mousse parsemée de violettes, les prairies émaillées, les rivières bordées d'iris jaunes et de myosotis couleur du ciel. La Province a de hautes montagnes sur le sommet desquelles l'homme, plus près du ciel, aspire à grands flots la poésie. La Province a l'Océan, avec ses magnifiques colères, son sable dont chaque grain est un petit rocher, et ses gigantesques hirondelles, ses mouettes grises et blanches qui jettent de sinistres éclats de rire en se jouant dans la tempêtes ; et ses belles harmonies du vent qui brise les navires, déracine les maisons, tue les matelots, et n'arrive à Paris qu'avec la force nécessaire pour faire trembler aux Tuileries la dentelle des mantilles. La Province a la Méditerranée, immense miroir dans lequel le ciel se regarde avec amour.

Les poëtes naissent en Province et viennent mourir à Paris.

Il n'y a qu'une chose que l'on ne trouve guères à Paris : ce sont des Parisiens.

Je ne crois pas connaître un Parisien.

Je jette un regard autour de moi : mon domestique est savoyard ; ma cuisinière, bretonne; mon cheval est normand (je te prie de croire que son père est pur sang).

Cherchons ailleurs, cherchons des Parisiens. Cherchons dans les poètes.

M. Hugo est né en Franche-comté.

M. Dumas, à Villers-Cotterets.

M. Mery, en Provence.

M. Janin, à Saint-Étienne.

M. de Balzac, en Touraine.

M. Jules Sandeau, en Touraine.

Madame Sand, en Touraine.

M. de Chateaubriant, en Bretagne.

M. de Lamartine, à Macon.

M. Casimir Delavigne, au Hâvre.

M. Frédéric Soulié, en Languedoc.

M. Eugène Sue, en Provence.

M. Théophile Gautier est à peu près espagnol.

Et M. Gozlan est né en pleine mer.

J'arriverai donc dimanche à mon château de Fousseron, et n'arriverai pas incognito, pour jouir de l'empressement de mes vassaux. Convoque mes musiciens ; donne des ordres au gros merle noir, mon maître de chapelle; commande un beau ciel et une belle nuit bien étoilée. Ordonne aux arbres de se parer de leurs plus beaux panaches verts; que la prairie se couvre de sa parure de perles blanches; charge les giroflées de parfumer l'air.

Si tu pouvais me donner un beau clair de lune, tu me ferais plaisir.

Tâche d'avoir une certaine petite fauvette à tête noire; elle est très coquette, très demandée, très courue; tu auras peut-être un peu de peine. En un mot, prépare moi une réception digne de la magnificence du sire de Fousseron.

Adieu.

ROBERT.

LVIII.

Impression que produisit, sur Tony Vatinel, la lettre de son ami Robert.

Tony Vatinel ouvrit la lettre de Robert, la parcourut négligemment, et la jeta dans un coin sans en avoir compris un seul mot.

LIX.

J'avouerai ici que je ne suis pas sans inquiétude sur l'effet que produiront certains chapitres du présent livre. Beaucoup de femmes me reprocheront, peut-être, l'impudeur que j'ai eue de décrire des choses qu'elles montrent si librement quand elles sont habillées.

Elles auront raison selon moi, en cela qu'il est plus agréable de voir ces choses que d'en entendre parler.

J'ai été entraîné par le récit; en retrancher les circonstances, c'eût été le rendre inintelligible. Et d'ailleurs, les portraits que je trace ne sont que trop ressemblants. Clotilde n'est pas précisément taillée sur le patron des Célimènes de théâtre; mais elle n'en est pas moins vraie pour cela, et, je vous l'ai déjà dit autre part, ma belle lectrice, la nature ne m'a doué d'aucune imagination. Je n'ai jamais rien inventé, et je suis un peu gêné quand je n'ai que vu les choses que je raconte.

LX.

Quelle nuit!

Le soleil s'est couché dans des nuées noires et épaisses, sur lesquelles il jetait à peine un reflet d'un violet sombre.

Quand le soleil a été couché, ou a commencé à entendre des bruits sourds de tonnerres lointains; puis, de pâles éclairs ont sillonné les nuages.

Puis, sans qu'on sentît de vent sur la terre, au-dessous des nuages gris qui formaient un dôme de plomb, couraient, roulaient rapidement, légers comme de la fumée ou de l'écume, des nuages verdâtres, qui de loin semblaient raser le sol, et de près ne paraissaient qu'à quelques toises des maisons.

Les feuilles des haies ont frissonné d'elles-mêmes.

Aucun oiseau n'a osé élever la voix.

Les grenouilles n'ont pas croassé dans les joncs de la Touque.

Il fait une chaleur accablante; — l'air est lourd et ne semble pas assez pur pour être respiré; — la poitrine haletante le renouvelle plus fréquemment.

Toutes les barques sont rentrées dans la Touque, et on les a amarrées avec plus de soin que de coutume.

Les goëlands eux-mêmes, qui ont coutume de se jouer dans la tempête en poussant des cris de joie, ont quitté la mer à tire d'ailes et sont venus silencieusement se cacher dans les trous de la falaise.

Après de sourds roulements, on entend des claquements clairs et précipités, et l'éclair qui déchire le nuage montre, par la fente de la nuée, que, sous cette nuée grise qui nous écrase, le ciel n'est qu'une fournaise ardente, une plaine de feu et de lave.

Dans les étables, les troupeaux se serrent les uns contre les autres.

La mer commence à faire entendre au loin ses mugissements; elle s'agite dans ses profondeurs sans qu'aucune émotion vienne rider sa surface; — elle roule dans son sein des galets qui font un triste bruit de chaînes; — elle se gonfle et se balance, — puis elle blanchit à l'horizon, et commence à courir sur la plage qu'elle semble devoir couvrir une demi-lieue par dessus les maisons.

Le vent commence à se faire entendre, tantôt en sifflements aigus, — tantôt avec des voix graves et basses. — Sur la terre, il enlève en tourbillonnant la poussière des champs ; — il déracine des arbres ; — il émiette dans l'air le chaume des maisons ; — dans le cimetière, il renverse les croix et fait ployer les cyprès jusqu'à terre, avec de funèbres gémissemens.

Les lames qui arrivent de la pleine mer, arrêtées par les plages, s'élèvent et retombent avec un bruit immense, et courent au loin dans la plaine.

Dans les moments où le ciel s'ouvre, une sinistre clarté montre, pendant un instant, la terre et la mer bouleversées. Le ciel se referme et on retombe dans une nuit profonde.

Quelle nuit !

Les sifflements du vent semblent, par moments, les gémissements de tous ceux que l'Océan a engloutis dans ses abîmes, depuis le commencement des temps. Il semble qu'ils crient, qu'ils appellent et qu'ils demandent des prières.

LXI.

Pendant ce temps, Clotilde, seule dans sa chambre, pâle et agitée, écoutait le vent qui secouait ses fenêtres, comme quelqu'un qui eût voulu entrer. Elle avait fini par se coucher; mais elle ne pouvait dormir. Dans les grands coups de tonnerre qui se succédaient, elle cachait sa tête dans son lit, en tenant sa couverture convulsivement serrée dans ses mains. Mais tout à coup, elle entend un autre bruit se mêler à celui du vent, qui semble vouloir déraciner la maison.

On a frappé doucement à sa porte, et une voix l'appelle tout bas; elle frémit, elle retient son haleine, mais son cœur bat si fort, qu'il l'empêche d'entendre.

On frappe encore, et on appelle. Ah! on appelle Marie; c'est Tony Vatinel.

Clotilde se précipite en bas de son lit, et va ouvrir sa porte. C'est Tony Vatinel, c'est quelqu'un, elle n'aura plus peur.

Avant que Tony fût entré, elle s'était replongée dans son lit.

Un éclair remplit la chambre d'une lueur bleuâtre.

Elle voit Tony, pâle comme un mort, les yeux étincelants comme des charbons ardents, et fixes d'une manière effrayante.

— Quelle imprudence, mon Tony, lui dit-elle, de venir par une pareille nuit! Combien j'aurais souffert si je vous avais soupçonné en route par un temps si effrayant.

Tony ne répondit pas.

— Tony, continua-t-elle, je n'ai pas besoin que vous fassiez de semblables extravagances pour être persuadée de votre amour. Mais je ne me plains pas puisque vous êtes là. J'avais bien peur. Je suis heureuse de vous voir, de vous avoir là près de moi. Tout ce qui se passe d'horrible au dehors, semble me rendre plus heureuse votre présence ici.

A ce moment, un violent coup de tonnerre se fit entendre. Par un mouvement involontaire, Clotilde saisit les mains de Vatinel, et les serra avec force. Tony, assis près du lit de Clotilde, pencha sa tête et la plaça sur l'oreiller à côté de la tête de Clotilde couchée sur le bras étendu de Vatinel.

Leurs bouches voisines se partageaient, pour

respirer, le peu d'air qui les séparait, et s'envoyaient l'une à l'autre leur haleine qui les enivrait.

De douces pensées s'emparèrent alors du cœur de Clotilde. Elle aimait Tony Vatinel et elle se l'avouait; elle l'aimait avec passion, et elle sentait que l'amour est dans l'âme comme ces arbres à l'ombre desquels meurt toute végétation. Elle aimait Vatinel, et non-seulement elle ne pouvait aimer que lui, mais il lui semblait qu'elle ne pourrait plus rien éprouver que pour lui, fut-ce même de la haine; le reste lui devenait tout à fait indifférent. Elle chercha dans son cœur sa haine si profonde pour Arthur de Sommery, son ardeur de vengeance si adroitement dissimulée, et elle trouva que les injures et les outrages d'Arthur de Sommery n'avaient plus sur elle aucune prise; qu'elle ne le haïssait plus que parce qu'il la séparait de l'homme qu'elle adorait.

Elle frémit alors des projets qu'elle avait si longtemps cachés et nourris dans son cœur, qu'elle avait conduits avec une si terrible habileté; elle frémit, non par crainte ni par pitié pour Arthur, mais parce qu'elle aimait Tony Vatinel, tel qu'il était, avec sa belle et naïve loyauté; parce qu'elle ne voulait pas que Tony Vatinel commit un crime.

Leurs deux bouches, toujours sur l'oreiller, s'étaient encore rapprochées.

— Marie, Marie, dit Vatinel, je t'aime! je t'adore! Aujourd'hui, tu seras à moi.

Et appuyant ses lèvres sur les lèvres de Clotilde, et la serrant en même temps contre lui du bras qu'il avait porté sous le corps de la femme d'Arthur, il lui donna un baiser, et elle sentit qu'il aspirait tout son sang qui s'échappait de ses veines, toute son âme qui s'exhalait de sa poitrine.

— Tony, Tony, dit-elle, je vous en prie, laissez-moi, Tony ayez pitié de moi!

Mais Vatinel n'écoutait plus que la frénésie de sa passion. La bouche de Clotilde qui se plaignait et qui demandait grâce, ne pouvait s'empêcher de répondre par une douce pression aux baisers de Tony. Elle l'étreignait et le repoussait, elle le maudissait et rendait un baiser. Laissez moi, disait-elle, laissez-moi ! ô Tony, je t'en prie, laisse-moi.

— Marie, dit-il, aujourd'hui tu seras à moi. Je ne peux plus vivre sans toi, tu ne sais pas ce que j'ai souffert, à quels horribles supplices l'amour m'a condamné. Marie, comme tu es belle !

Un coup de tonnerre se fit entendre si voisin que la maison en trembla sur sa base.

— Tenez, dit Clotilde, entendez-vous?

— Ah ! reprit Vatinel, si la mort doit nous frapper, qu'elle nous frappe dans les bras l'un de l'autre, qu'elle nous frappe heureux. Moi, je veux bien mourir pour payer un instant de bonheur dans tes bras, je veux bien souffrir à jamais dans l'autre vie tous les supplices réservés aux damnés.

— Tony, disait Marie, Tony, je t'en prie laisse-moi. . . . .

. . . .

et Tony, si fort contre la douleur, ne sut pas résister à tant de félicité; il resta près de Clotilde, sans connaissance, sa tête pâle renversée et baignée dans ses cheveux noirs épars sur l'oreiller. Clotilde, les yeux mouillés de larmes voluptueuses, eut peur et mit la main sur le cœur de Vatinel; elle le sentit battre, et baisa légèrement le beau front de son amant.

— Ah! oui, je l'aime, se disait-elle, et cet amour a purifié mon cœur. Je n'y sens plus de haine. Je n'ai plus qu'un désir, c'est d'aller au loin avec Tony Vatinel, cacher un bonheur que nous avons acheté par tant de combats.

Le tonnerre continuait à gronder, et des éclairs venaient de temps en temps éclairer la chambre.

Clotilde baisa encore le front de Vatinel.

— J'ai donc un amant! dit-elle.

Et son orgueil éleva un moment la voix dans son cœur contre Vatinel ; mais elle ne tarda pas à ajouter : O le plus beau, le plus noble des hommes, — mon Tony! comme je suis aimée !

Tony Vatinel ouvrit les yeux. — Marie, dit-il, où es-tu? Viens dans mes bras, viens sur mon cœur, viens me dire que je ne me trompe pas, que tout ce qui s'est passé cette nuit n'est pas un rêve, — un horrible, — un charmant rêve.

— Ah! Vatinel, dit Clotilde, et moi qui avais juré.....

— Vous n'avez pas trahi votre serment, répondit Tony Vatinel. Clotilde, — votre mari est mort!

LXII.

— Mort! mort! s'écria Clotilde épouvantée. Mort! et comment est-il mort?

— Marie, dit Vatinel, sans lui répondre, maintenant tu es à moi. Veux-tu renoncer à tout, à ta position, à ta fortune, à ta réputation! Veux-tu t'enfuir avec moi. Je n'ai à te donner pour tout cela que mon amour et ma vie.

— Mais répondez-moi donc, continua Clotilde. Est-ce donc vrai ce que vous dites, qu'Arthur est mort? Et comment cela se fait-il? On l'a donc tué? Mais qu'avez-vous donc à la main, Tony, qu'avez-vous, vous êtes blessé!

— Arthur est mort, reprit Tony Vatinel. Marie, veux-tu maintenant être à moi? Veux-tu me donner ta vie, comme je t'ai depuis longtemps donné la mienne? Veux-tu...

— Mais c'est impossible, vous me trompez. Comment le savez-vous?

— Arthur est mort, répéta encore une fois Vatinel. Ordonne maintenant de notre sort à tous deux.

— Ma tête est perdue en ce moment, je ne comprends rien, je ne veux rien, je ne sais rien, répondit Clotilde, qui n'osait plus faire de nouvelles questions, et qui ne regardait Vatinel qu'avec effroi. Laissez-moi le temps de penser, de réfléchir, de savoir. Allez-vous-en, voici le jour. Au nom du ciel, allez-vous-en! je me meurs.

Vatinel regarda Clotilde d'un regard triste et solennel, et sortit sans parler.

La force abandonna alors Clotilde, que l'on trouva évanouie dans son lit.

Quand elle revint à elle, elle ne se rappelait rien, qu'une impression confuse de choses charmantes et terribles. — Elle pensait avoir rêvé, — tant elle trouvait d'incohérence dans les souvenirs qui se réveillaient un à un dans son esprit.

Au déjeuner, — on dit : Arthur arrivera aujourd'hui ou demain. Quel bonheur qu'il n'ait pas été en route par cet affreux ouragan de cette nuit!

Non, non, se disait Clotilde, — ce n'est pas vrai, — c'est l'orage qui m'a épouvantée. — Oh! cependant, Tony, — ses caresses, — ses baisers, — sa voix, — non, je me rappelle,— il m'a bien dit :.... mais c'est impossible! Il m'a trompée... Comment faire? — Comment le voir? — Je ne puis lui écrire de semblables choses, — je ne pourrai supporter cette situation encore une journée, sans devenir folle.— Comment se fait-il que cette vengeance que j'ai tant désirée, — que j'ai tout fait pour amener, m'inspire tant d'effroi? — Quelle lâcheté y a-t-il dans mon cœur?

Et chaque fois que quelqu'un frappait à la porte, — elle se sentait froide et pâle. — Si on parlait un peu haut au-dehors, — elle s'attendait à entendre la terrible nouvelle. Il y avait dans la maison une gaieté qui lui faisait horriblement mal. — Madame de Sommery donnait des ordres pour un approvisionnement extraordinaire.

— Il faut tuer des pigeons, disait-elle, Arthur les aime beaucoup.

Clotilde sentait que son profond abattement à elle contrastait avec le mouvement du reste de la maison. Une ou deux fois on remarqua tout haut qu'elle était triste.

Et elle frémit à l'idée qu'on se rappellerait cette tristesse, quand on saurait l'événement.

Elle parla de l'orage, — elle rappela l'état dans lequel il l'avait mise, et dans lequel on l'avait trouvée le matin.

Toute la journée se passa sans qu'on entendit parler de rien.

— Allons, dit-elle, Tony m'a trompée. Mais cette blessure, ce visage si pâle, quand il est arrivé.

Et elle expliquait tout par l'orage, par un accident. Et d'ailleurs, ne l'avait-elle pas vu bien des fois aussi pâle et aussi agité, parce qu'elle avait dit un mot qui ne lui plaisait pas, ou qu'elle était un peu plus décolletée que de coutume !

On frappa précipitamment à la porte. Les idées de Clotilde avaient pris une telle direction, qu'elle s'attendait à voir entrer Arthur.

C'était l'abbé Vorlèze, qui demandait à parler à M. de Sommery, et l'emmena dans le jardin.

LXIII.

Comme je l'ai dit, depuis sa brouille avec M. de Sommery, l'abbé Vorlèze allait presque tous les soirs passer, à se promener au bord de la mer, le temps consacré avant la brouille à jouer aux échecs.

Ce jour-là, l'abbé était allé voir les traces de l'ouragan de la nuit.

Le vent était tombé comme de lassitude, — mais la mer avait reçu un si fort ébranlement jusque dans ses profondeurs, qu'elle se balançait encore toute entière. — Des algues, des varechs et une foule d'herbes marines de toutes sortes, — avaient été jetées sur la plage à une distance où la mer n'arrive jamais, — ce qui donnait la mesure de la fureur avec laquelle elle avait lancé ses lames sur la terre, comme pour l'engloutir.

Ce bouleversement était encore attesté par cela que, parmi ces herbes marines, il y en avait d'entièrement étrangères à la côte de Trouville, — qui avaient évidemment été arrachées fort loin, et emportées par la mer furieuse.

Il y avait aussi des poissons morts et des pièces de bois.

Le soleil était pâle et comme malade ; — il se couchait dans un ciel calme et pur, qu'il sablait d'or.

La mer descendait, mais son reflux était presque insensible. On eût dit, qu'elle était fatiguée.

L'abbé Vorlèze regarda le soleil disparaître dans la mer; — et resta assis sur une roche, où la nuit le surprit plongé dans ses méditations.

D'abord, il avait remercié Dieu des bornes infranchissables qu'il a imposées à la mer; puis il avait songé combien, depuis qu'il était à Trouville, il avait assisté de fois à de semblables tempêtes; — et combien de malheureux avaient été engloutis par l'Océan.

— Mon Dieu, dit-il, ayez pitié d'eux! — La mort du noyé est une mort terrible; ce n'est plus cette mort à laquelle on s'essaie toute la vie par le sommeil de chaque jour; — ce n'est plus cette mort qui consiste à s'endormir une fois de plus sur l'oreiller où l'on s'endormait chaque soir depuis cinquante ans. — C'est une mort mêlée de rage, de lutte, de désespoir, de blasphèmes. On n'est pas préparé par l'affaiblissement successif des organes; on n'arrive pas à n'être plus par des transitions imperceptibles. — Ce n'est pas un dernier fil qui se brise, ce sont tous les liens qui se rompent à la fois. — On meurt au milieu de la force, de la santé, on meurt tout vivant.

Et l'abbé Vorlèze pria pour tous ces morts sans sépultures, — sans croix pour marquer la place où ils sont, sans parents et sans amis qui vinssent pleurer et prier sur eux.

— O mon Dieu! continua-t-il, ayez pitié d'eux! Dans cette mort violente que vous leur avez infligée, ils n'ont eu auprès d'eux ni amis pour les consoler, ni prêtres pour les réconcilier avec vous. — Dans ces immenses solitudes de l'Océan, ils ont poussé des cris de douleur et de désespoir que le fracas des vents et de la tempête n'a pas empêché d'arriver jusqu'à vous, ô mon Dieu!

Et l'abbé passa deux ou trois fois la main sur son visage; il ne pouvait écarter l'image de ces corps pâles et roides des noyés. — La lune montait lentement derrière les maisons de *Trouville*, et ne jetait encore qu'une faible lueur qui restait au ciel. — C'était l'heure où tout prend dans la nature des formes bizarres, — l'heure où il semble que tous les objets se déguisent pour aller à quelque bal infernal et fantastique — où les peupliers deviennent des fantômes noirs, et chaque pierre du cimetière un corps mort avec son linceul. C'est l'heure des hallucinations, c'est l'heure où l'on croirait que ces figures bizarres, et ces aventures étranges que nous voyons dans nos rêves, se montrent et se passent réellement pendant que nous dormons.

Des pointes de roches dépouillées semblaient à l'abbé Vorlèze des cadavres étendus. Il pria encore pour chasser ces visions, et ne put y réussir. Loin de là : les prestiges et les illusions augmentèrent à un tel degré qu'il finit par assister à un spectacle horrible.

Il vit un mouvement dans les longues algues

qui flottaient à la surface de l'eau, puis il parut une tête, une jeune tête blonde d'enfant; d'une petite main livide, il écarta les herbes, et rejeta en arrière ses cheveux qui retombaient appesantis par l'eau sur sa figure pâle. L'abbé reconnut cet enfant, il s'était noyé peu de mois auparavant en allant pêcher aux équilles. L'enfant dit, d'une voix douce : « La mort n'a pas été un mal pour moi, elle m'a pris dans l'enfance, c'est à dire, dans l'ignorance, sans que j'aie eu rien à regretter de ce que je laissais dans le passé, puisque je n'avais pas de passé, ni rien de ce que m'eût promis l'avenir auquel je n'avais encore rien demandé. Cherche dans ta vie, combien il y a de tes jours que tu voudrais recommencer, et pense que mon avenir aurait été ton passé. — Je n'ai pas besoin de tes prières. »

« Les morts ne perdent que les jours, les nuits sont à eux, et cette lune qui se lève est leur soleil. »

« Que viens-tu faire ici? T'es-tu hier noyé comme moi? »

Et d'un autre point du rivage un corps plus grand sortit des algues. L'abbé Vorlèze se rappela qu'un an auparavant une femme s'était, par un désespoir d'amour, jetée à la mer à cet endroit. Elle écarta les herbes, sortit de l'eau jusqu'à la ceinture, rejeta ses cheveux en arrière et dit : « Samuel-Aubry ne m'a-t-il jamais regrettée? Ne m'a-t-il jamais vue quand la nuit, je vais appliquer mon visage pâle aux vitres de sa chambre? ou suis-je si changée qu'il ne me puisse plus reconnaître? — Je n'ai pas besoin de tes prières. Dis seulement à Samuel de me regarder, quand je vais la nuit derrière ses vitres. — Les morts ne perdent que les jours, les nuits sont à eux, et cette lune qui se lève est leur soleil. — Que fais-tu ici la nuit? T'es-tu hier noyé comme moi? »

Et ce corps pâle sortit de l'eau, et se dirigea vers la maison de Samuel-Aubry.

Un autre corps, d'une force athlétique, sortit de l'herbe non loin de celui-là ; il écarta les herbes, rejeta ses cheveux en arrière et dit : A-t-il péri du monde cette nuit! Je suis André Mehom. — J'ai été enfant de chœur du curé de Trouville, et je me suis noyé en allant au secours d'un bâtiment naufragé. Je n'ai pas besoin de prières. — Les morts ne perdent que les jours, les nuits sont à eux, — et cette lune qui se lève est leur soleil.

— Que viens-tu faire ici la nuit? T'es-tu hier noyé comme nous?

Et alors, de toutes parts, l'abbé vit sortir de l'eau et des algues des hommes, des femmes et des enfants tous pâles, tous écartant les herbes pour passer, et rejetant leurs cheveux en arrière. Ils se firent gravement entre eux des signes d'intelligence, et tous se mirent à parler d'une voix étrange qu'on sentait plus qu'on ne l'entendait, car tous parlaient à la fois, et cependant ne diminuaient rien du silence morne et froid qui régnait dans la nature, et voilà ce qu'ils murmuraient :

«Les morts ne perdent que les jours, et les nuits sont à eux; et cette lune qui se lève est leur soleil. »

Quelle différence fais-tu entre les vivants qui dorment la nuit, et nous qui dormons le jour sur des lits d'algues et de varechs, au fond des mers? Voici l'heure où les morts du cimetière sortent de leurs tombeaux, comme nous, et se promènent sous les berceaux de chèvre-feuilles que leur font les vivants. Voici que nous allons visiter ceux qui nous ont aimés, et qui nous prennent pour des rêves. Nous jouissons d'un calme et d'une paix éternels; nous nous appelons vivants, et nous vous appelons morts, car votre vie à vous n'est qu'un combat et une agonie. Sois le bien-venu! Nous attendions du monde cette nuit, après la tempête d'hier. Les morts ne perdent que les jours, les nuits sont à eux; et cette lune qui se lève est leur soleil.

Que viens-tu faire ici la nuit? T'es-tu donc hier noyé comme nous? »

Et de nouveaux corps paraissaient sur les eaux, et ils devinrent nombreux comme le galet de la mer.

L'abbé Vorlèze hâta le pas pour échapper par le mouvement à ces prestiges qui lui faisaient dresser les cheveux sur la tête; et il se mit à marcher à pas précipités. Mais tout à coup, ses pieds heurtèrent quelque chose ; il frémit et il lui sembla qu'un vêtement de glace descendait depuis sa tête jusqu'à ses pieds ; tout le rêve s'évanouit devant une réalité. Ce que l'abbé Vorlèze avait touché du pied, ce n'était pas une pierre, c'était un corps, c'était un cadavre.

Le premier mouvement de l'abbé fut de se relever brusquement, puis il revint, se pencha sur le corps, chercha si son cœur battait encore; il était froid et roidi par la mort.

La lune, qui avait monté, éclaira le corps ;

et l'abbé se redressa, en s'écriant : Ah! mon Dieu !

— Mais c'est impossible! dit-il. Il devait revenir par terre.

Il se pencha encore, se mit à genoux, écarta les cheveux du mort. — Oh! mon Dieu! dit-il, c'est bien lui, aidez-moi, mon Dieu, dans les tristes devoirs que j'ai à remplir.

Alors il traîna le corps jusqu'au pied de la falaise, pour que la mer en remontant ne vînt pas l'entraîner; il fit une courte prière et se dirigea vers le château, où il demanda à parler à M. de Sommery, et l'emmena dans le jardin.

LXIV.

L'abbé avait tout le long du chemin préparé son discours et ses précautions oratoires; — mais quand il fut au fond du jardin avec M. de Sommery, — il se prit à pleurer et lui dit :

— Mon cher M. de Sommery, il faut du courage pour ce que j'ai à vous apprendre. — Il vous est arrivé un grand malheur

— Qu'est-ce? dit le colonel.

— O mon Dieu! dit l'abbé, donnez à ce pauvre père la force et le courage, car toute force vient de vous.

— Arthur, s'écria M. de Sommery, où est Arthur?

L'abbé baissa la tête sans répondre.

— Parlez, parlez! s'écria M. de Sommery,— il est malade, n'est-ce pas, il est blessé?

— Il est mort, dit l'abbé.

— Mon fils! s'écria M. de Sommery d'une voix forte et éclatante qui résonna dans toute la maison, — mon fils Arthur est mort! — O mon Dieu, ayez pitié de moi! — Et le vieux soldat tomba sur un banc — et se mit à pleurer.

Au cri du colonel, tout le monde accourut au jardin.

LXV.

Excepté cependant Clotilde. — Tony Vatinel etait auprès d'elle et lui disait :

— Marie, veux-tu me suivre?

— Éloignez-vous, sauvez-vous ! disait Clotilde; entendez-vous ce tumulte dans la maison?

— Sauvez-vous !

— Marie, veux-tu me suivre? répéta Tony, froid et impassible.

— Au nom du ciel, fuyez! répondit Clotilde.

— Marie, dit une troisième fois Tony Vatinel, veux-tu me suivre?

— Allez-vous-en! répondit encore Clotilde.

— Adieu donc, Marie, dit Tony Vatinel. — Et il s'en alla.

LXVI.

On fit rentrer M. de Sommery dans la maison, et alors il fut entouré de toute sa famille. Par l'ordre de l'abbé, des domestiques, avec une lanterne et une civière, vinrent avec lui relever le corps d'Arthur de Sommery, que l'on rapporta tristement dans la maison. Dans cette maison préparée pour la fête de son retour ; dans cette maison toute pleine des petits soins industrieux de sa mère.

Le matin, le maire Vatinel vint *constater le décès*. L'abbé Vorlèze dit à M. de Sommery : — Mon ami, mon pauvre ami!... Frappé par Dieu, reconnaissez sa puissance et demandez-lui le secours et la force dont vous avez besoin. Ce n'est qu'à l'homme présomptueux qui se croit assez fort sans sa divine assistance, qu'il laisse arriver des malheurs plus grands qu'il ne peut les supporter.

— Monsieur de Sommery, dit Vatinel, le maire, quelles sont vos intentions pour l'enterrement ?

— Mon cher ami, dit l'abbé Vorlèze....

LXVII.

Mais comme l'abbé Vorlèze allait parler, le médecin de la commune arriva ; l'abbé ressentit une sorte de plaisir de voir un peu retarder le coup qu'il avait à porter.

Le médecin constata que, Arthur de Sommery était mort d'une balle de pistolet qui avait traversé la région du cœur.

On se perdit en conjectures; on ne connaissait pas d'ennemis à Arthur, du moins dans le pays; et on trouvait encore sur lui une montre et plusieurs pièces d'or. Le maire fit son procès-verbal.

Clotilde s'était retirée et renfermée dans sa chambre.

— Mon bon ami, mon cher colonel, dit le curé, vous ne serez, n'est-ce pas, aujourd'hui, ni orgueilleux, ni incrédule; la vanité de ne pas paraître changer d'opinion, n'osera pas élever la voix dans le cœur d'un père qui vient d'être privé de son fils?

— Que voulez-vous dire, M. Vorlèze? dit M. de Sommery d'un ton sévère.

— Rien qui puisse vous blesser, mon pauvre ami; je sais la puissance et l'obstination de certaines idées, hélas! bien répandues aujourd'hui. Mais je vous connais, vous avez un bon et noble cœur. Toutes ces phrases de fausse philosophie dont vous vous servez habituellement, ne sont pas dans votre cœur : c'est une malheureuse vanité qui vous les fait prononcer; mais vous n'en pensez pas un mot.

Le pauvre abbé avait tort, quand il prétendait connaître M. de Sommery; il prenait le meilleur moyen, en parlant ainsi, pour ne pas réussir dans ce qu'il désirait.

S'il avait parlé à part, ou s'il avait dit au colonel : Vous avez vos idées, gardez-les; mais pour ne pas scandaliser des gens plus faibles que vous, pour flatter la douleur maternelle de madame de Sommery, ne vous mêlez de rien, laissez faire. Certes, le colonel se fût rendu à ce qui était peut-être son désir secret à lui-même.

Mais, attaqué aussi maladroitement, il répondit :

— Mon fils, victime d'un lâche attentat, peut paraître devant Dieu, comme j'y paraîtrai moi-même; croyez-vous, M. Vorlèze, que Dieu attende votre messe de demain, pour savoir ce qu'il a à faire?

Malheureusement, le médecin de la commune partageait les idées de M. de Sommery; c'était lui qui envoyait au journal du département les *abus de pouvoir* du garde-champêtre, suspect de tendre à l'absolutisme.

Il applaudit M. de Sommery, d'un mouvement de tête. Dès ce moment, M. de Sommery se vit des spectateurs, se sentit sur un théâtre, et rentra dans son rôle philosophique.

L'abbé parla, menaça, prit tous les moyens. M. de Sommery refusa de rien écouter; le pauvre abbé se retira triste et confus, auprès de madame de Sommery, et d'Alida Meunier.

— Eh bien, dit madame de Sommery, l'abbé, qu'avez-vous obtenu?

— Hélas! madame, rien, absolument rien.

— Quoi! mon fils ne sera pas porté à l'église?

— Non, madame?

—Mais c'est affreux; c'est impossible.

— M. de Sommery n'a rien voulu entendre, madame.

— Ah! M. Vorlèze, je vous en prie, ne vous découragez pas.

— Je reviendrai ce soir, madame; la triste cérémonie n'est que pour demain matin.

— Ah! oui, l'abbé, je vous en prie, venez.

— Et vous madame, ne tenterez-vous aucun effort?

— Si vous échouez encore, l'abbé, je crois... je sens que j'aurai un courage que je n'ai pas eu une seule fois dans toute ma vie. Je parlerai à M. de Sommery; — mais je n'espère rien de moi; — jamais je n'ai exercé sur lui la moindre influence, même pour les choses sans importance.

— Je reviendrai ce soir, quoique j'aie déjà employé toutes les ressources que me donnent mon expérience et *ma connaissance des hommes.*

Pauvre abbé!

LXVIII.

Le soir, l'abbé crut inventer quelque chose de miraculeux, en amenant trois ou quatre personnes pour lesquelles M. de Sommery avait quelque déférence. Il ne s'apercevait pas que c'était encore *un public* qu'il amenait, et que le colonel ne pourrait quitter le rôle commencé.

Il échoua complétement, et s'attira même quelques paroles dures de M. de Sommery.

Il rentra auprès de madame de Sommery, et lui rendit compte du mauvais succès de sa nouvelle démarche.

— Quoi! dit madame de Sommery, il a encore refusé?

Oh! cette fois, j'aurai de la force et du courage; — je ne laisserai pas mon enfant sans les secours de la religion; — je vais lui dire que je le v....

LXIX.

A ce moment, entra M. de Sommery, — il avait congédié les personnes amenées par l'abbé; madame de Sommery fut attérée, — et ne trouva plus de voix pour achever le mot commencé, — seulement, elle joignit les mains et tomba à genou devant son mari.

Le colonel se sentit ému, — et il s'irrita de son émotion.

— M. Vorlèze, s'écria-t-il, voulez-vous donc mettre le trouble et la désunion dans ma maison ? — Les prêtres n'ont-ils donc de respect pour rien ? et ne se mêlent-ils à nos infortunes les plus cruelles, que pour essayer de nous dominer ?

L'abbé voulut recommencer un discours.

— M. Vorlèze, dit M. de Sommery en l'interrompant, vous me permettrez de ne pas faire aujourd'hui de controverse avec vous, n'est-ce pas ? — et vous comprenez, que nous avons besoin de silence et de solitude ?

L'abbé se retira.

M. de Sommery ne voulut pas rester avec sa femme et alla s'enfermer dans sa chambre, où il resta dans une grande agitation, — se promenant à grands pas en long et en large, — s'asseyant, se relevant, et recommençant à marcher.

Il sortit de sa chambre vers dix heures du

soir — et descendit en bas. Il trouva les gens qui veillaient le corps; — ils avaient mis près de lui de l'eau bénite et une branche de buis. Il fronça le sourcil, — il ouvrit la bouche et ne parla pas, — puis remonta. — En passant devant la chambre de sa femme, il l'entendit qui pleurait, et retourna dans sa chambre, où il resta une demi-heure dans la même agitation ; après quoi il sortit tout à coup et alla chez l'abbé Vorlèze.

LXX.

L'abbé Vorlèze lisait auprès d'une fenêtre ouverte. Sur sa petite table de bois blanc, il avait établi un échafaudage de livres pour empêcher l'air de trop hâter la combustion de sa lumière. Il lisait pour se calmer, car il avait ressenti le premier mouvement de colère de sa vie, lorsque M. de Sommery l'avait à peu de chose près mis à la porte. Ses yeux parcouraient les pages, ses lèvres murmuraient les paroles, sans qu'aucun sens arrivât à son esprit, ni parvînt à le distraire de ce qu'il se plaisait à intituler «chagrin», quoique ce fût un bon gros ressentiment.

Il fut très étonné quand sa servante lui annonça M. de Sommery.

Il se leva et alla au-devant du colonel : c'était la première fois que M. de Sommery venait dans sa maison.

L'abbé murmura les paroles du publicain : *Domine non sum dignus ut intres in domum meam.*

Puis il avança une chaise à M. de Sommery. Quand le colonel fut assis, l'abbé se remit sur sa chaise. M. de Sommery se leva dans une grande agitation et dit en marchant dans la chambre : — M. Vorlèze, ma femme pleure beaucoup; c'est vous qui lui aurez fait quelques contes.

Puisque vous le voulez absolument...

Ici M. de Sommery fit deux longueurs de chambre avant de continuer. Il était évidemment embarrassé. Il y avait des mots qu'il ne disait que lorsque sa promenade l'amenait à ce point où il tournait le dos à l'abbé.

— Puisque vous le voulez absolument.... et puisqu'on pleure à la maison...: on portera mon fils à l'église.

— Oh! mon bon M. de Sommery, dit l'abbé, la grâce de Dieu vous a donc touché?

— Il n'est pas question de cela, M. Vorlèze. On portera mon fils à l'église. Mais daignez m'écouter : j'ai mes convictions comme vous avez *peut-être* les vôtres : je n'en ai pas changé; j'ai en horreur les inutiles mômeries de l'église. Dieu est donc bien méchant puisque sans vos prières il condamnerait ce brave et digne garçon à un supplice éternel. Il est donc bien faible, puisqu'après vos prières il est forcé de faire grâce au chenapan quelconque qu'il vous plaît de lui recommander.

— Monsieur! dit l'abbé.

— Ne m'interrompez pas, M. Vorlèze, continua M. de Sommery. Je vous disais que mes convictions n'ont pas changé, mais que puisque ma femme... et vous... et Alida... et aussi sa femme... puisque tout le monde veut qu'il soit porté à l'église, il sera porté à l'église... j'y consens ; mais... à une condition.

— Et quelle condition? dit l'abbé, d'un ton un peu ironique.

— Je ne veux pas, continua M. de Sommery, par une faiblesse particulière et amenée par certaines bizarreries de situation, je ne veux pas donner aux cagots et aux tartufes, des armes contre la philosophie et les idées libérales.

— Que voulez-vous faire alors?

— Ce que je veux faire, le voilà. Cette nuit, à une heure, on apportera le corps à l'église, sans pompe, sans bruit, sans témoin ; vous direz la messe des morts ; le corps sera reporté chez moi ; et vous ne parlerez à personne de ce qui se sera passé.

M. de Sommery s'assit alors ; il paraissait fatigué et ému.

— Monsieur, répondit le curé, je ne pense pas qu'un ministre de l'Église puisse être complice d'un pareil scandale. Comment! Vous voulez venir à l'église, clandestinement! Vous voulez vous cacher pour sauver l'âme de votre fils, comme de la chose la plus honteuse qu'il se puisse faire! Non, monsieur. Vous ne voulez pas, dites-vous, donner un triomphe à l'Église. Je n'en dois pas donner un, moi, au philosophisme, à l'irréligion, et à l'athéisme. Vous amènerez le corps de votre fils à l'église, en plein jour. Je vous en prie, M. de Sommery.

— Impossible, monsieur. J'avais cédé aux pleurs de madame de Sommery, à vos propres instances; mais je ne puis aller, de concessions en concessions, jusqu'au ridicule.

— Ni moi, monsieur, dit l'abbé, jusqu'à la lâcheté.

— Mais, monsieur, vous me parlez d'un ton... auquel je ne suis pas accoutumé.

— C'est que, jusqu'ici, j'ai toujours été envers vous respectueux et soumis, parce que je vous croyais supérieur à moi. Mais quand je vous vois trahir et tourner en dérision, à la fois, la religion de nos pères, et votre prétendue philosophie; je sens mon âme se remplir d'un sentiment que je ne puis définir. Quoi! il y a encore, dans votre cœur, lutte entre la vanité et l'inquiétude, pour ce fils qui n'est plus! Non, monsieur, non, l'église de Dieu n'est pas un mauvais lieu, où l'on entre la nuit en se cachant.

— M. Vorlèze, dit M. de Sommery, c'est pour madame de Sommery, à laquelle une première résolution, conforme à d'immuables opinions, a causé une douleur qui m'inquiète.

— M. de Sommery, j'en suis désespéré, mais je ne crois pas le pouvoir, je ne le peux pas.

— Je croyais, monsieur, que votre religion enseignait la charité.

— Je croyais, monsieur, que votre philosophie défendait l'hypocrisie.

Ici, M. de Sommery se promena longtemps dans la chambre, sans parler; puis, tout à coup, il vint à M. Vorlèze, — lui prit la main, et lui dit :

— Eh! bien, monsieur, je n'en aurai pas; je vais vous ouvrir mon cœur. — Monsieur, il y a bien des misères dans le cœur humain. — Monsieur, pour moi, je vous aurais repoussé. — Je ne sais si c'est de l'orgueil ou de la force, — mais je défendrais qu'on me portât à l'église. — J'y ai souvent pensé, et ma résolution est depuis longtemps écrite dans mon testament. — Mais, monsieur, depuis que mon fils est mort, dit M. de Sommery en criant,

— l'église, le ciel, l'enfer, les flammes éternelles, — je crois à tout, — j'ai peur de tout!

— Je veux des prières, — je veux des prières pour mon fils ; — je veux les prières de l'église, et dans l'église, M. Vorlèze, je les veux.

Écoutez, si vous l'exigez, ce sera le jour, devant tout le monde, s'il le faut ; je dirai tout haut ce que je vous dis là.

— Voyons, M. de Sommery, dit l'abbé Vorlèze, calmez-vous. — Nous ferons tout ce que vous voudrez, — et moi je demande pardon à vous et à Dieu de vous avoir mis dans cet état. — J'ai exagéré la sévérité de mes devoirs ; c'est au bénéfice de mon propre orgueil que je vous ai reproché le vôtre avec tant d'amertume. — J'ai osé mettre des conditions aux prières que vous demandiez pour votre fils ; — j'ai été un méchant homme.

Écoutez, — pour apporter le corps dans l'église, — il faudrait mettre dans notre confidence au moins des domestiques.—Rentrons chez vous. — Attendez que je prenne tout ce qu'il me faut.

L'abbé fit un paquet assez volumineux, — et suivit M. de Sommery. — Il n'y avait qu'un domestique qui veillait le mort. — Mon ami, dit le curé, allez vous coucher, — je finirai la veillée. Quand ils furent seuls, l'abbé disposa tout lui-même pour pouvoir dire la messe.

Madame de Sommery baisa la main de son mari en pleurant.

— O mon Dieu, — dit l'abbé, — comment faire ? — Je n'ai pas d'enfant de chœur pour répondre et servir la messe.

Aller en éveiller un, c'est tout trahir.

Dites-moi... M. de Sommery... il ne s'agit que de lire quelques réponses.....

— Volontiers,... dit M. de Sommery. . . .

. . . .

LXXI.

Voilà tout ce que je savais de cette histoire, — et j'ai, à cause de cela, fort hésité à la raconter. — J'ajouterai cependant quelques mots que le hasard m'a fait entendre dans une des maisons où j'avais autrefois rencontré Clotilde, Tony Vatinel et Robert Dimeux.

A la fin de l'hiver qui suivit la mort d'Arthur de Sommery, — dans un salon où on avait donné une matinée musicale, on remarquait beaucoup madame Clotilde de Sommery, que l'on n'avait pas vue dans le monde de toute l'année. Elle était encore en deuil.

— Comme le noir va bien aux blondes, — disait un homme. — En effet, répondit un autre, les femmes blondes ne sauraient trop perdre leurs maris.

Robert Dimeux, que l'on n'avait pas vu non plus depuis longtemps, et que l'on trouvait triste et amaigri, — s'approcha de madame de Sommery, et lui dit : Madame, le noir vous va à ravir; tout le monde en fait la remarque. Vous devriez ne porter que successivement, le deuil des deux hommes que vous avez tués.

FIN DU SECOND ET DERNIER VOLUME.

TABLE

DU SECOND VOLUME.

		Pages.
I.	. . . .	1
II.	. . . .	5
III.	. . . .	9
IV.	. . . .	17
V.	. . . .	21
VI.	. . . .	29
VII.	. . . .	35
VIII.	Marie-Clotilde.	43
IX	. . . .	55
X.	. . . .	59
XI.	. . . .	63
XII.	Robert Dimeux de Fousseron à Tony Vatinel.	69
XIII.	Tony Vatinel à Robert Dimeux de Fousseron.	73
XIV.	Tony Vatinel à madame de Sommery	79
XV.	Clotilde de Sommery à Tony Vatinel.	85
XVI.	Tony Vatinel à madame de Sommery.	89
XVII.	Clotilde de Sommery à Tony Vatinel.	93
XVIII.	. . . .	95
XIX.	. . . .	97
XX.	. . . .	101
XXI	. . . .	107
XXII.	. . . .	111

TABLE.

		Pages.
XXIII.	. . . .	115
XXIV.	. . . .	123
XXV.	. . . .	127
XXVI.	. . . .	131
XXVII.	. . . .	135
XXVIII.	Tony Vatinel à madame de Sommery.	141
XXIX.	Clotilde de Sommery à Tony Vatinel.	145
XXX.	Tony Vatinel à madame de Sommery.	147
XXXI.	. . . .	151
XXXII.	Histoire des Trente-Deux infidélités que fait à son mari une femme vertueuse en allant de sa maison à l'église. . .	157
XXXIII.	Clotilde à Tony Vatinel.	163
XXXIV.	A Trouville.	165
XXXV	. . . .	169
XXXVI.	A Jules Janin.	181
XXXVII.	Tony Vatinel à Robert Dimeux de Fousseron.	183
XXXVIII.	Tony Vatinel à Robert Dimeux. . . .	189
XXXIX.	Tony Vatinel à Robert Dimeux. . .	193
XL.	Tony Vatinel à Clotilde de Sommery.	197
XLI.	Madame Alida Meunier, née de Sommery, à M. le colonel de Sommery.	201
XLII.	. . . .	205
XLIII.	Clotilde de Sommery à Tony Vatinel.	209
XLIV.	. . . .	213
XLV	. . . .	221
XLVI.	. . . .	229
XLVII.	Tony Vatinel à Clotilde de Sommery.	237
XLVIII.	. . . .	241
XLIX.	. . . .	245
L.	. . . .	251
LI.	. . . .	261

TABLE.

		Pages
LII.	. . . .	269
LIII.	. . . .	271
LIV.	. . . .	277
LV.	Arthur de Sommery à madame Clotilde de Sommery	283
LVI.	. . . .	285
LVII.	Robert Dimeux à Tony Vatinel. . .	287
LVIII.	Impression que produisit, sur Tony Vatinel, la lettre de son ami Robert. .	297
LIX.	. . . .	299
LX.	. . . .	301
LXI.	. . . .	307
LXII.	. . . .	315
LXIII.	. . . .	321
LXIV.	. . . .	333
LXV.	. . . .	335
LXVI.	. . . .	337
LXVII.	. . . .	339
LXVIII.	. . . .	345
LXIX.	. . . .	347
LXX.	. . . .	351
LXXI.	. . . .	362

FIN DE LA TABLE DU SECOND VOLUME.

www.ingramcontent.com/pod-product-compliance
Lightning Source LLC
Chambersburg PA
CBHW050544170426
43201CB00011B/1555